힌디어
핵심동사
100

हिन्दी की मुख्य क्रियाएँ १००

본 교재는 2019년 정부(교육부 국립국제교육원) '특수외국어교육 진흥사업'의 지원을 받아 수행된 결과입니다 (CFL-한국-2019-힌디-교재-6).

힌디어 핵심동사 100

हिन्दी की मुख्य क्रियाएँ १००

지은이
최종찬, Om Nath Bimali, 김용정

HU:iNE

책을 내면서

대부분의 인도인들은 여러 언어를 사용합니다. 여러 언어 사용은 인도인들에게 있어 그들이 속한 다언어 사회에서 고립되지 않고 주변과 소통하며 살아가기 위한 삶의 필수 조건입니다. 필수 조건이라서 그런지 인도인들은 모어 이외의 여러 언어를 빠르게 습득하고 자연스럽게 사용하는 것 같습니다. 익혀야 할 지식과 기술은 많은데 많은 시간과 노력이 요구되는 언어습득과정을 그들은 어떻게 헤쳐나가는지 궁금한 대목입니다.

그들의 대화를 비추어볼 때 분명한 것은 타 언어를 사용할 때 쉬운 단어들을 잘 활용한다는 점입니다. 그들은 일상에서 자주 표현의 대상이 되는 다양한 의미들을 제한된 수의 단어만으로도 적절하게 잘 표현합니다. 난이도 높은 단어들을 새롭게 사용해야 하는 부담이 상대적으로 적은 셈입니다.

이 책은 이러한 취지에서 개별하였습니다. 다른 언어의 경우와 마찬가지로 힌디어도 상당수의 일부 동사들은 다양한 의미를 표현하는 능력을 갖고 있습니다. 오랜 세월 사용되면서 이 동사들은 본래 의미 외에 본래 의미에서 확장된 유사 의미들과 비유적 의미들까지 표현 대상에 담을 수 있게 되었습니다. 흥미롭게도 이와 같은 의미확장의 범위와 방식은 우리말의 것과 흡사한 경우를 많이 볼 수 있습니다.

사람들이 언어마다 각기 다른 소리로 특정한 의미들을 표현하지만, 개념에 대한 이해와 표현 방식은 서로 비슷합니다. 이 책을 읽다 보면 어떤 개념을 정립하기 위한 수단으로서의 사물에 대한 분류와 범주화 과정은 언어마다 매우 유사하다는 것을 작게나마 경험하는 즐거움도 얻을 수 있을 것입니다.

다소 아쉬운 것은 각 동사가 갖고 있는 표현능력들 모두를 이 책에 담지는 않았습니다. 지나친 정보는 효율적인 학습에 장애가 될 수 있다는 우려 때문입니다. 그럼에도 의사소통의 새로운 전략을 이 책을 통해 경험할 수 있다고 생각해 봅니다.

이 책은 힌디어에서 사용 빈도가 높은 동사 중에서 100개를 선정하여 뜻풀이 하고 각 의미에 해당하는 예문들을 준비하였습니다. 약간의 긴장을 위해 사이 사이에 연습문제도 마련하였습니다. 이 책을 통해 힌디어의 표현능력을 늘리고 나아가 힌디어 공부에 한층 더 재미를 느낄 수 있기를 바랍니다.

끝으로 이 책을 출판하는 데 도움을 주신 한국외국어대학교 지식출판콘텐츠원 선생님들께 심심한 감사를 표합니다.

2020년 3월

저자 일동

차례

힌디어
핵심동사
100

हिन्दी की मुख्य क्रियाएँ १००

1-10과

अपनाना - कहना

अपनाना

1

힌디어의 재귀대명사 **अपना** '자신의'에 -**आना**가 붙어 파생한 단어로서 '자신의 것으로 하다'의 의미를 일차적으로 갖는다. 더불어 '인정하다', '받아들이다', '받아주다', '채택하다', '삼다', '입양하다' 등의 확장된 의미들을 표현할 수 있다.

1. **क़बूल करना** 인정하다, 받아들이다

- **सम्राट् अशोक ने बौद्ध धर्म अपनाया था।**
  아쇼까 황제가 불교를 받아들였었다.
- **शादी मात्र के लिए इस्लाम को अपनाना इस्लाम का अपमान है।**
  단지 결혼을 위해 이슬람교를 받아들이는 것은 이슬람에 대한 모욕이다.
- **अपना धर्म छोड़कर और किसी धर्म को अपनाना आसान नहीं है।**
  자신의 종교를 버리고 다른 어떤 종교를 받아들이는 것은 쉽지 않다.

2. **अपना बनाना** 자신의 것으로 삼다, 받아주다

- **आप मुझे एक बार अपनाकर देखिए तो!**
  당신이 나를 한번 받아주고 봐보세요!
- **आपने हृदय से मुझे अपनाया, आपका बहुत-बहुत धन्यवाद।**
  당신이 진심으로 나를 받아주셨어요, 대단히 감사합니다.

- पिता जी नाराज़ थे, पर अब मुझे उन्होंने अपना लिया है।

  아버지께서 화나 있었다, 그러나 이제 그분이 나를 받아주셨다.

3. चुनना, ग्रहण करना 취하다, 채택하다

- तुमने कितने व्रत अपना रखे हैं?

  너는 (무언가에 대한 맹세를 이루고자) 몇 가지 음식에 대하여 단식을 택해 놓았니?

- जब तक मुझे कोई नौकरी नहीं मिलती, तब तक मैं ज़्यादा ख़र्च न करने का व्रत अपनाए रखूँगा।

  직장을 얻을 때까지 나는 많이 지출하지 않겠다는 맹세를 택해 놓겠다.

- आप पतला होने के लिए कौन-सी पद्धति अपनाते हैं?

  당신은 날씬해지기 위해 어떤 방법을 취하세요?

- वीज़ा के लिए अलग-अलग देश अलग-अलग नियम अपनाते हैं।

  비자를 위해 각 나라들이 각각의 규칙들을 채택한다.

4. गोद लेना 입양하다

- उस दंपती ने तीन अनाथ बच्चों को अपनाया।

  그 부부가 고아 아이들 세 명을 입양했다.

- मेरी बहन को बचपन में ही चाची ने अपना लिया था।

  나의 누이를 어릴 적에 삼촌께서 입양하셨었다.

- सुष्मिता ने दो लड़कियाँ अपनाई थीं।

  수슈미따가 여자애 두 명을 입양했었다.

आना

2

산스끄리뜨어의 आगम्(आ '역으로' + गम् '가다') '오다'에서 유래한 동사로서 '오다'의 의미를 일차적으로 갖는다. 더불어 '(생겨나서) 나타나다', '알다', '수용되다', '올라오다', '(감정이) 생기다', '(돈이) 들다' 등의 다양한 의미를 표현하는 데 쓰인다. 또한 의미조동사로 쓰여 어떤 것이 화자 쪽으로 가까이 옴을 나타내거나 어떤 감정이 생겨남을 나타낸다.

1. किसी व्यक्ति या वस्तु का कहीं से चलकर वक्ता की ओर पहुँचना 오다

- **कल मेरे माता-पिता आएँगे।**
  내일 나의 어머니와 아버지께서 오실 것이다.
- **भारत के प्रधानमंत्री कोरिया आए थे।**
  인도의 총리가 한국을 방문했었다.
- **बरसात आ रही है, अभी मत निकलो!**
  비가 오고 있다, 지금 나가지 마라!

2. उत्पन्न होकर सामने आना (생겨나서 눈앞에) 나타나다

- **तुम्हारी मूँछें आ रही हैं।**
  네 수염이 자라나고 있다.
- **पौधों में फूल आ गए हैं।**
  묘목에 꽃이 생겨났다.

- मेरे मन में ऐसा विचार आया।

  나의 마음에 이러한 생각이 났다.

3. जानना 알다

- मेरी माता जी को बंगाली आती है।

  우리 어머니가 방갈리어를 아신다.

- तब मुझे तैरना नहीं आता था।

  그때 나는 수영할 줄 몰랐었다.

- क्या आपको गाना आता है?

  당신 노래하실 줄 아세요?

4. अँटना, अंतर्भाव होना 수용되다, 담기다

- इस सभाभवन में कितने लोग आते हैं?

  이 회의실에 몇 명이 수용됩니까?

- इस बोतल में एक लीटर पानी आता है।

  이 병에 1 리터의 물이 들어간다.

- यह सारा सामान इस सूटकेस में नहीं आएगा।

  이 모든 짐이 이 여행 가방에 들어가지 않을 것이다.

5. बढ़ना 증가하다, 늘어나다, 자라다

- वह पौधा कमर तक आ गया है।

  그 꽃나무가 허리까지 올라왔다.

- बिटिया बड़ी हो गई है, अब तो मेरे कंधे तक आती है।
  딸이 컸다, 이제 나의 어깨까지 온다.

- बाढ़ का पानी बढ़ते-बढ़ते घुटनों तक आया।
  홍수의 물이 증가하여 무릎까지 차올랐다.

6. अनुभव करना (감정 등이) 생겨나다

- मुझे लज्जा आती है।
  나는 부끄러움을 느낀다.

- उसे बहुत जल्दी गुस्सा आता है।
  그는 매우 빨리 분노한다.

- साधु को उस पशु पर दया आई।
  성자는 그 동물에 대해 동정심이 생겼다.

7. क़ीमत होना (돈이) 들다

- एक लीटर दूध कितने में आएगा?
  1 리터 우유가 얼마예요?

- यह धोती एक हज़ार रुपये में आती है।
  이 도띠(인도 남자 전통의상)는 천 루피가 든다.

- कोरिया में आम बहुत महँगा आता है।
  한국에서 망고가 매우 비싸다.

8. (सहायक क्रिया) किसी क्रिया का निकट आना और किसी भाव का शुरू होना (의미조동사로 쓰여) 가까이 오거나 어떤 감정이 생겨남을 나타낸다.

- कमरे के बाहर अँधियारा घिर आया था।

  방 밖에 어둠이 몰려왔었다.

- पिता जी की आँखों में आँसू भर आए।

  아버지의 두 눈에 눈물이 차올랐다.

- माँ के स्वर को सुनकर बेटी का मन भीग आया।

  엄마의 목소리를 듣고서 딸의 마음이 젖어 들었다.

उगना

3

산스끄리뜨어의 उद्गम्(उद् '위로' + गम् '가다') '일어나다/위로 가다'에서 유래한 동사로서 '자라다'의 의미를 일차적으로 갖는다. 더불어 '생겨나다', '떠오르다', '드러나다', '돋보이다' 등의 의미도 표현한다.

1. उपजना, अंकुरित होना, ज़मीन से उत्पन्न होना 자라나다, 싹트다, 움트다

- जंगल में पेड़ अपने-आप उगते हैं।

  숲에 나무가 저절로 자라난다.

- तुम्हारे चेहरे पर मूँछें उग गई हैं।

  너의 얼굴에 수염이 자라났다.

- भारत के पश्चिम उत्तर प्रदेश में गन्ना ख़ूब उगता है।

  인도의 서북부 지방에 사탕수수가 많이 자란다.

2. ग्रह, नक्षत्र आदि का उदित होना, निकलना (행성, 별 등이) 뜨다, 솟다, 돋다

- उठो और देखो, सूरज उग रहा है!

  일어나라 그리고 봐라, 해가 뜨고 있다!

- आपके यहाँ चंद्रमा कब उगता है?

  댁에서는 달이 언제 뜹니까?

- ध्रुवतारा आकाश में उग रहा था।

  북극성이 하늘에 떠오르고 있었다.

3. अस्तित्व में आकर अपनी आरंभिक अवस्था में दिखाई देना (생겨나기 시작하여) 눈에 띄다

- आँगन में धूप उग रही है।

  안뜰에 햇빛이 들어오고 있다.

- आकाश में चाँदनी उग रही थी।

  하늘에 달빛이 드러나고 있었다.

- ऊपर देखो, कितने तारे उग रहे हैं!

  위를 봐봐, 얼마나 많이 별들이 나오고 있니!

4. औरों की अपेक्षा अधिक सुंदर दिखना 돋보이다, 두드러지다

- उसकी मुख-ज्योति उग रही थी।

  그의 얼굴의 광채가 돋보이고 있었다.

- उसका शरीर उगा हुआ था।

  그의 몸이 단연 돋보였다.

- उसका उगता हुआ यौवन सब का मन मोह रहा था।

  그의 돋보이는 젊음이 모두를 매료시키고 있었다.

उठना

4

산스끄리뜨어의 **उत्था**(**उत्** '위로' + **स्था** '서다') '일어나다'에서 유래한 동사로 '일어나다'의 의미를 일차적으로 갖는다. 더불어 '깨어나다', '향상하다', '(마음 등이) 일다', '기억나다', '(세상을) 뜨다', '사라지다', '임대되다' 등의 의미들을 표현한다. 또한 의미조동사로 쓰여 일이나 행동이 갑자기 일어남 또는 분명하게 드러남을 나타낸다.

1. ऊपर की ओर जाना 일어나다

- अध्यापक के आने पर छात्र उठते हैं।
  선생님이 오실 때 학생들이 일어난다.
- तुम उठो और थोड़ा बाहर घूम आओ!
  너는 일어나서 밖에 좀 다녀오너라!
- हॉल में सबने उठकर राष्ट्रपति का अभिवादन किया।
  의회에서 모두 일어나 대통령에게 인사했다.

2. जागना (잠에서) 깨다, 깨어나다

- सुबह जल्दी उठना एक बहुत अच्छी आदत है।
  아침에 일찍 깨는 것이 아주 좋은 습관이다.
- वह गहरी नींद में था, घंटी बजी तो उठा।
  그가 깊이 잠들어 있었다, 종이 울리자 깼다.

- बेटा, उठो! कब तक सोते रहोगे? स्कूल नहीं जाना है क्या?
  아들아, 일어나라! 언제까지 잘 거야? 학교에 안 갈 거니?

3. आगे बढ़ना, प्रगति करना, क़ामयाब होना
나아가다, 향상하다, 발전하다, 성공하다

- जो परिश्रम करेगा वह ऊपर उठेगा।
  노력하는 자가 향상될 것이다.
- ईश्वर की कृपा थी कि तुम अपने जीवन में इतनी जल्दी इतना उठे।
  신의 은총이었다, 네가 자신의 인생에서 이렇게나 빨리 이렇게나 올랐다니.
- सचिन तेंदुलकर क्रिकेट की दुनिया में एक बहुत ऊपर उठा हुआ नाम है।
  사찐 뗀둘까르는 크리켓의 세계에서 하나의 매우 높이 성공한 이름이다.

4. उपजना (마음 등이) 일다, 생기다, 생겨나다

- मेरे मन में अचानक विदेश यात्रा का विचार उठा।
  나의 마음에 갑자기 외국 여행이 생각났다.
- तुम्हारे मन में पता नहीं क्यों हमेशा बेकार की बातें उठती हैं!
  너의 마음에는 어째서 항상 쓸데없는 것들이 생기는지 모르겠네!
- वैराग्य का भाव उठा और सिद्धार्थ राजमहल को छोड़कर चल दिए।
  무집착의 마음이 일어났다 그리고 석가모니는 궁궐을 버리고 떠났다.

5. याद आना 기억나다

- उस बात के बारे में कुछ नहीं उठता।
  그 일에 대해 아무것도 떠오르지 않는다.

• पढ़ा तो बहुत था, पर परीक्षा में कुछ उठा ही नहीं!

매우 많이 공부했다, 그러나 시험에서 아무것도 떠오르지 않았다!

• श्लोक तो मुझे बहुत याद हैं लेकिन समय पर कोई भी श्लोक उठता ही नहीं।

슐로까를 내가 많이 외우고 있지만 아무 슐로까도 제때 떠오르지 않는다.

6. मरना (से와 함께 쓰여) (세상을) 뜨다

• बड़ी दुर्घटना थी, दस लोग दुनिया से उठ गए।

큰 사고가 있었다, 열 명이 세상을 떠났다.

• कई लोग केंसर की वज़ह से से युवावस्था में ही इस संसार से उठ जाते हैं!

여러 사람이 암으로 젊어서 세상을 등진다!

• वह सौ साल से ऊपर का हो गया, फिर भी दुनिया से उठने का नाम ही नहीं ले रहा है।

그는 백 세를 넘겼다, 그럼에도 전혀 세상을 떠날 것 같지 않다.

7. ख़त्म होना, समाप्त होना, ग़ायब होना 사라지다, 소멸되다

• कल पत्नी के साथ बाज़ार गया था और पूरी ज़ेब उठ गई।

어제 아내와 함께 시장에 갔다 그리고 주머니가 완전히 털렸다.

• सारे पैसे उठ गए, अब मेरे पास ख़र्च के लिए कुछ नहीं बचा है।

모든 돈이 날아갔다, 이제 내게 쓸 것이 아무것도 남지 않았다.

• आजकल महँगाई बहुत है। एक चीज़ ख़रीदी, तो हज़ार रुपये उठ गए।

요즘 물가가 매우 비싸다. 물건 한 개를 샀더니 천 루피가 날아갔다.

8. किराये पर लगना 임대되다, (월)세로 나가다

- मेरा मकान किराये पर उठ गया है, मैं ख़ुश हूँ।
  나의 집이 임대되었다, 나는 기쁘다.
- मैं कोई भाड़े पर उठा आदमी नहीं हूँ, आप मुझसे ठीक से बात करें!
  나는 임대된 사람이 아니다, 당신은 내게 제대로 말하시오.
- मेरे पास दो गाड़ियाँ हैं, एक ख़ुद चलाता हूँ और दूसरी भाड़े पर उठी है।
  나한테 차가 두 대가 있다, 한 대는 스스로 운전하고 다른 한 대는 세로 나갔다.

9. (सहायक क्रिया) आकस्मिक रूप से या स्पष्ट रूप से सामने आना
(의미조동사로 쓰여) 우연히 또는 갑자기 발생함, 선명하게 드러남을 나타낸다.

- घर पर चोर को देखकर माता जी चिल्ला उठीं।
  집에서 도둑을 보고 어머니가 (갑자기) 소리 지르셨다.
- मेरे भाषण की समाप्ति पर तालियाँ गूँज उठीं।
  내 연설이 끝나자 박수 소리가 (순간) 울려 퍼졌다.
- माँ को देखते ही बच्चे का चेहरा खिल उठा।
  엄마를 보자 아이의 얼굴이 (확) 펴졌다.

उड़ना

5

산스끄리뜨어의 उड्डी(उद् '위로' + डी '날다') '날다'에서 유래한 동사로 '날다'의 일차적 의미를 갖는다. 더불어 '사라지다', '희미해지다', '퍼지다', '우쭐대다', '(사실을) 감추려 하다' 등의 의미를 표현한다.

1. पंख के सहारे आकाश या वायु में चलना-फिरना, लहराना
날다, 날아가다, 날리다

- चिड़िया उड़ रही है।

  새가 날고 있다.

- कभी मनुष्य उड़ सकेगा, ऐसा मुझे लगता नहीं।

  언젠가 사람이 날 수 있을 거라고는 여겨지지 않는다.

- चारों ओर रंगीन पताकाएँ उड़ रही हैं।

  사방에 다채로운 깃발들이 날리고 있다.

2. लुप्त होना, ग़ायब होना, अदृश्य हो जाना 사라지다, 없어지다

- अरे, मेरी किताब किधर उड़ गई?

  어, 내 책이 어디로 사라졌지?

- लड़का यहीं था, न जाने अचानक कहाँ उड़ गया!

  소년이 여기 있었다, 도대체 갑자기 어디로 사라졌지!

• तुम्हारे चेहरे का रंग क्यों उड़ रहा है?

네 얼굴빛이 왜 창백해지는 것이지?

3. फीका पड़ना, घट जाना, कम हो जाना 희미해지다, 바래다, 누그러지다

• उसका उत्साह उड़ गया।

그의 열정이 줄어들었다.

• दीवार का चमकीलापन धीरे-धीरे उड़ रहा है।

벽의 광택이 점점 희미해지고 있다.

• शर्ट तो अच्छी है, पर यह बताइए कि इसका रंग तो नहीं उड़ेगा?

셔츠는 좋아요, 그런데 이것의 색이 바래지는 않나요?

4. फैलना 퍼지다

• अभी तो इसकी सुगंध और उड़ेगी!

이제는 이것의 향기가 더 퍼질 것이다!

• ख़बर उड़ी थी कि तुमने शादी कर ली है।

네가 결혼을 했다는 소식이 퍼졌었다.

• अरे, यह गुलाल तो उड़कर मुझ तक पहुँच गया!

어, 이 색분말이 퍼져서 나한테까지 이르렀네!

5. इतराना, ऐंठ दिखाना 으스대다, 우쭐대다

• बहुत अधिक मत उड़ो, ज़मीन पर रहो।

너무 으스대지 마라, 얌전히 있어라.

- सुंदरता के कारण होगा, वह उड़ती बहुत है आजकल!

  이쁘기 때문이겠지, 그녀가 매우 우쭐댄다!

- तुम्हें यह छोटी-सी क़ामयाबी क्या मिली, तुम तो उड़ने लगे?

  네가 이 자그마한 성공을 얻은 게냐, 그래서 우쭐대기 시작한 거니?

6. छिपाने की कोशिश करना 숨기려 하다, 감추려 하다

- क्या बात है भाई, अब तो तुम हमसे भी उड़ने लगे!

  무슨 일이야 얘야, 이제는 네가 우리에게도 숨기려고 하네!

- तुम कुछ उड़ी-उड़ी लगती हो, इन दिनों!

  너는 뭔가 숨기는 것 같아, 요즘!

- उनकी बिटिया बड़ी हो गई है, उसने माँ-बाप से भी उड़ना शुरू कर दिया है!

  그들의 딸이 커버렸다, 그녀는 엄마 아빠한테도 숨기기 시작했다!

उतरना

6

산스끄리뜨어의 अवतृ(अव '아래로' + तृ '건너다') '내려가다'에서 유래한 동사로 '내려가다'의 일차적 의미를 갖는다. 더불어 '감소하다', '바래다', '(해야 할 일이) 이행되다', '기억나다', '참여하다' 등의 의미를 표현한다.

1. ऊपर से नीचे की ओर आना 내리다, 내려가다, 하강하다

- बच्चो, पेड़ से उतरो !

  얘들아, 나무에서 내려와라!

- लड़का बस से उतरता है।

  남자애가 버스에서 내린다.

- पहाड़ से उतरना तो आसान है, चढ़ना मुश्किल है।

  산에서 내려오는 것은 쉽다, 오르는 것이 어렵다.

2. घटना, कम होना 감소하다, 줄다

- दवा लेने के बाद बुख़ार उतरेगा तुम्हारा !

  약을 먹은 후에 너의 열이 내릴 것이다!

- शराब का नशा धीरे-धीरे उतरता है।

  술의 취기가 천천히 내려간다.

- उसका घमंड उतर गया।

  그의 교만이 줄었다.

3. कुम्हलाना, मुरझाना, फीका पड़ना 시들다, 바래다, 사라져가다

- झूठ पकड़ी गई तो उसका चेहरा उतर गया।

  거짓말이 들통나자 그의 얼굴이 시들해졌다.

- मेरी कमीज़ का रंग उतर रहा है।

  내 셔츠의 색이 바래고 있다.

- जंगल की ख़ूबसूरती उतर गई है।

  숲의 아름다움이 사라져 버렸다.

4. पूरा करना, मुक्त होना या निभाना (빚이) 치러지다, (약속을) 이행하다

- मेरा ऋण उतर गया है!

  나의 채무가 치러졌다.

- वह अपने वादे पर पूरा उतरा।

  그가 자신이 약속을 완전히 지켰다.

- जो बोलो उस पर खरा उतरो!

  말한 대로 온전히 치러라!

5. (दिमाग में) स्मरण आना 기억나다

- उसका नाम मेरे दिमाग में उतर ही नहीं रहा मुझे!

  나는 그의 이름이 기억나지 않는다!

• याद बहुत किया था, पर समय पर कुछ उतरता ही नहीं।
많이 암기를 했지만 제때 아무것도 기억나지 않는다.

• अभी-अभी एक बात उतरी थी, फिर भूल गया।
방금 이야기 하나가 기억났는데, 다시 잊어버렸다.

6. भाग लेना, हिस्सा लेना 참여하다, 참가하다

• सुना है इस बार शर्मा जी चुनाव में उतरेंगे।
이번에 샤르마 씨가 선거에 나갈 것이다.

• भारत की टीम क्रिकेट के मैदान में उतर रही है।
인도의 팀이 크리켓의 경기장에 나가고 있다.

• इस साल कई नई गाड़ियाँ बाज़ार में उतर रही हैं।
올해 여러 대의 새로운 차들이 시장에 나오고 있다.

उबलना

7

산스끄리뜨어의 उद्वल्(उद् '위로' + वल् '가다/돌다') '위로 가다'에서 유래한 동사로 '(액체가) 끓다'의 일차적 의미를 갖는다. 더불어 '분노하다', '(신체의 일부가) 붓다', '넘치다' 등의 확장된 의미를 표현한다.

1. खौलना, उफनना 끓다

- दूध उबल रहा है, ज़रा देखना !

  우유가 끓고 있다, 좀 봐라!

- पाकशाला में सब्ज़ी उबल रही है।

  부엌에서 채소요리가 끓고 있다.

- कुछ लोग हमेशा उबला हुआ पानी पीते हैं।

  어떤 사람들은 항상 끓인 물을 마신다.

2. क्रोध से भर जाना 분노하다, (속이) 끓다

- मैंने देखा वह क्रोध से उबल रहा था।

  내가 보니 그는 분노로 끓고 있었다.

- पिता जी ने उबलते हुए कहा, घर से निकलो !

  아버지께서 분노하며 말씀하셨다, 집에서 나가라!

- मैं अकारण ही क्रोध से उबला रहता था उन दिनों।

  나는 그 당시에 이유 없이 화가 끓어오르곤 했었다.

3. शरीर के किसी अंग का फूलकर या सूजकर ऊपर उठ जाना
붓다, 부풀어 오르다

- आपकी नाक क्यों उबल-सी रही है?

  당신의 코가 왜 부어 보이지요?

- अति गर्मी की वज़ह से उसकी आँखें उबलने लगीं।

  강한 열 때문에 그의 두 눈이 붓기 시작했다.

- तुम्हारी पीठ के पीछे यह क्या उबला हुआ है?

  네 등 뒤에 이게 뭔가 부어 있네?

4. भरे होने के कारण बाहर निकलना 넘치다

- तेल बोतल से उबल रहा है।

  기름이 병에서 넘치고 있다.

- इस बरतन से घी उबलता है, कोई बड़ा बरतन दो!

  이 그릇에서 기(버터)가 넘친다, 큰 그릇을 줘!

- खाना गले से बाहर उबल रहा है, अब और मत खाओ!

  음식이 목에서 넘치는구나, 이제 더 먹지 마!

उलटना

8

산스끄리뜨어의 उल्लुठ् (उद् '위로' + लुठ् '구르다') '구르다'에서 유래한 동사로서 '뒤집히다'의 일차적 의미를 갖는다. 더불어 '뒤집다', '(뒤로) 돌다', '바뀌다', '반대로 되다', '토하다', '뱉다', '(다수가) 모여들다', '망가지다' 등의 의미를 표현한다.

1. 'सीधा' के विपरीत दिशा में स्थित होना या करना

뒤집히다, 전복되다, 뒤집다, 뒤엎다

- दुर्घटना में मेरी कार उलट गई थी।

  사고로 내 차가 뒤집혔었다.

- आँधी के कारण पानी जहाज़ उलट सकता है।

  폭풍으로 인해 선박이 선복될 수 있나.

- इस गिलास को उलट दो!

  이 유리잔을 뒤엎어요!

2. पीछे घूमना, पीछे की ओर पलटना (뒤로) 돌다, 젖히다

- उलट कर देखो कौन आया है!

  뒤돌아서 봐 누가 왔는지!

- माँ ने उलट कर मुझे देर तक देखा।

  엄마가 뒤로 돌아 나를 오래도록 보셨다.

• तुम इस तरह बार-बार उलट कर मुझे क्यों देख रहे थे?

너는 왜 이렇게 여러 번 뒤돌아서 나를 보고 있었니?

3. परिवर्तित हो जाना 바뀌다, 변화하다

• विश्वविद्यालय में सब कुछ उलट गया है।

대학에 모든 것이 바뀌었다.

• कई बार आंदोलन के कारण सरकारें तक उलट जाती हैं!

여러 번 (사회)운동으로 정부들조차 변하게 된다.

• उसकी सरकार कभी भी उलट सकती है।

그의 정부는 언제라도 바뀔 수 있다.

4. विपरीत या विरुद्ध हो जाना 반대로 되다

• देखो, तुम अपनी बात से उलट मत जाना!

이봐, 너는 말에 반하지 마라!

• ऐसा करने से वाक्य का पूरा अर्थ ही उलट जाएगा!

이렇게 함으로써 문장의 의미 전체가 반대로 될 것이다!

• वह कुछ और कह रहा था, अध्यापक जी आए तो उनके सामने बिल्कुल ही उलट गया।

그가 무언가 다른 것을 말하고 있었다, 선생님께서 오시자 그분 앞에서는 완전히 반대로 되었다.

5. वमन कर देना 토하다, 뱉다, 내뱉다

- वह बीमार है। जो खाता है उलट देता है।
  그가 아프다. 먹으면 토한다.
- पानी पीजिए और उसे उलट दीजिए।
  물을 마시세요 그리고 그것을 뱉으세요.
- आपके मन में मेरे ख़िलाफ़ कोई बात है तो कृपया उसे उलट दीजिए।
  당신 마음에 저에게 반대되는 말씀이 있으면, 제발 내뱉어주세요.

6. भारी संख्या में उपस्थित होना (많은 수가) 모여들다

- प्रधानमंत्री को सुनने के लिए भारी जनसमूह उलट पड़ा।
  총리를 듣기 위해서 많은 군중이 모여들었다.
- देखना थोड़ी देर में यहाँ मैदान में कितनी बड़ी भीड़ उलटती है।
  잠시 후에 여기 광장에 얼마나 많은 군중이 모여드는지 봐요.
- उस रामायण कथा में सैकड़ों की संख्या में भीड़ उलटेगी।
  그 라마야나 이야기에 수백 명의 군중들이 모여들 것이다.

7. अच्छी दशा से बुरी दशा में आना 망가지다

- बारिश से सारी फ़सल उलट गई।
  비로 농작물 전체가 망가졌다.
- बहुत कुछ अच्छा हो सकता था पर मेरी सारी योजनाएँ उलट गईं।
  아주 좋을 수 있었었다 그러나 나의 모든 계획이 망가져 버렸다.

करना

9

산스끄리뜨어의 कृ '하다/만들다'에서 유래한 동사로 '하다'의 일차적 의미를 갖는다. 관련하여 '(행동을) 이루다', '(공덕 등을) 얻다', '(임무나 직무를) 이행하다', '(차를) 타다', '(특정한 때에) 도달하다', '(동반자를 다시) 구하다' 등의 다양한 의미를 표현한다.

1. किसी क्रिया को संपादित करना (어떤 행동을) 이루다

- हम सब यहाँ पढ़ाई करते हैं।
  우리 모두가 여기에서 공부를 한다.
- भैया रोज़ सुबह व्यायाम करते थे।
  오빠가 매일 아침 운동을 했었다.
- तुम वहाँ क्या कर रहे हो?
  너는 거기에서 무엇을 하고 있니?

2. अर्जन करना 얻다, 취득하다, 모으다

- उसने जीवन में बहुत पुण्य किए हैं।
  그는 인생에서 많은 공덕을 쌓았다.
- यह बच्चा एक दिन आपका नाम करेगा।
  이 아이는 어느 날 당신의 명성을 얻을 것이다.

- दादी जी आजकल हरिद्वार में रहकर धर्म-कर्म कर रही हैं।
  할머니는 요즘 하리드와르에서 머무시며 종교적 공덕을 쌓고 계신다.

3. कर्तव्य का पालन करना, सेवा में रहना (임무를) 이행하다, (직무를) 하다

- आजकल आप क्या करते हैं?
  요즘 당신은 무슨 일을 하십니까?
- वह सेमसंग कंपनी में नौकरी करता है।
  그는 삼성 회사에서 일을 한다.
- मैं घर पर ही रहकर माँ की देखभाल करूँगा।
  나는 집에서 지내면서 어머니를 보살필 것이다.

4. पैसा देकर सवारी करना (돈을 주고 전용으로) 타다

- हम सऊल स्टेशन के लिए टैक्सी करेंगे।
  우리는 서울역에 가려고 택시를 탈 것이다.
- वहाँ से हम रिक्शा करते हैं।
  거기에서 우리는 릭샤를 탑시다.
- जयपुर से कोई गाड़ी कर लेना।
  자이뿌르에서 어떤 차를 타라.

5. (कोई काम करते हुए) समय किसी बिंदु तक पहुँचना (어떤 일이나 행동을 하면서 특정한 때에) 도달하다

- तुम हमेशा देर करते हो!
  너는 항상 지체한다!

- हमने आज जागकर सवेरा किया।

  우리가 오늘 깨어있는 채로 아침이 되었다.

- पिता जी लौटने में रात कर देंगे।

  아버지가 돌아오시는 데에 밤이 될 것이다.

6. दूसरी बार पति या पत्नी के रूप में किसी को प्राप्त करना
(다시 부인 또는 남편을) 얻다

- सुना है वह दूसरी कर रहा है।

  그가 다시 부인을 얻는다고 들었다.

- तुमने तीन-तीन कीं।

  너는 부인을 세 사람이나 얻었잖아?

- देखना, वह दूसरी करेगा!

  봐봐, 그가 다시 부인을 얻을 것이다!

कहना

10

산스끄리뜨어의 कथ् '말하다'에서 유래한 동사로 '말하다'의 일차적 의미를 갖는다. 더불어 '표현하다', '발표하다', '알리다', '부르다', '말해주다', '암시하다' 등의 의미를 표현한다.

1. बोलना (소리 내어) 말하다

- उसने सच कहा।
  그가 진실을 말했다.
- उसने कहा, "डरो मत!"
  그가 말했다 "겁내지 마!"
- ज़ोर से कहो, "भारत माँ की जय!
  크게 말해요 "어머니 인도 만세!"

2. अपने उद्देश्य, भाव या विचार को प्रकट करना (생각 등을) 표현하다

- वह सच्ची बात कहने से झिझकता नहीं।
  그는 진실을 말하는 데서 주춤거리지 않는다.
- गुरु जी जो कहेंगे हम ध्यान से सुनेंगे।
  스승이 말씀하시는 것을 우리는 주의 깊게 들을 것이다.

- हॉकी टीम के कप्तान का कहना है कि हम मैच के लिए तैयार हैं।
  하키팀 주장이 우리는 경기를 위해 준비되어 있다고 말했다.

3. घोषणा करना 공포하다, 발표하다

- प्रधानाचार्य कह रहे हैं कि मंगलवार की छुट्टी है।
  학장이 화요일은 휴일이라고 발표한다.
- प्रधानमंत्री ने कहा कि रविवार को मंत्रिमंडल का विस्तार होगा।
  수상이 일요일에 각료위원회가 확대될 거라고 발표했다.
- मुख्यमंत्री कहेंगे कि अगले महीने से महिलाओं के लिए बस यात्रा मुफ़्त होगी।
  주수상이 다음 달부터 여성에게 버스 요금이 무료가 될 거라고 공포할 것이다.

4. सूचित करना 알리다

- डॉक्टर ने कहा कि नेता जी अब ठीक हैं।
  지도자가 이제 괜찮으시다고 의사가 알렸다.
- पिता जी ने कहा कि मैं पास हो गया हूँ।
  아버지께서 내가 통과했다고 알려주셨다.
- सभा में प्रधानमंत्री ने कहा कि अगले महीने अमेरिका के राष्ट्रपति भारत आएँगे।
  회의에서 총리가 다음 달에 미국 대통령이 인도를 방문할 것이라고 알렸다.

5. **नाम रखना, पुकारना** 칭하다, 부르다, 일컫다

- क्या मैं आप को 'भैया' कह सकता हूँ?
  제가 당신을 '형'이라고 불러도 될까요?
- तबसे लोग उन्हें 'महात्मा' कहने लगे।
  그때부터 사람들이 그분을 '마하뜨마(위대한 영혼)'라고 부르기 시작했다.
- भारत में लोग अकसर बूढ़ी स्त्रियों को 'माता जी' कहते हैं।
  인도에서 사람들은 보통 나이 든 여성들을 '어머니'라고 부른다.

6. **समझाना, बतलाना** 말해주다, 이르다, 타이르다

- डॉक्टर ने उसे कहा कि रोज़ व्यायाम करे।
  의사가 매일 운동하라고 말해줬다.
- माँ कहती थीं गंदगी फैलाना अच्छी बात नहीं है।
  더럽히는 것은 좋지 않다고 엄마가 이르셨었다.
- मैंने कई बार तुमसे कहा कि झूठ मत बोला करो!
  내가 여러 번 네게 거짓말을 하고 다니지 말라고 타일렀어!

7. **संकेत करना, भाव प्रकट करना** 암시하다, (느낌을) 드러내다

- उनकी आँखें बहुत कुछ कह रही थीं।
  그의 눈은 아주 많은 것을 나타내고 있었다.
- मेरा दिल कहता है कि वह ऐसा नहीं कर सकती।
  나의 심장은 그녀가 이렇게 할 수 없다고 말한다.
- बोलो, तुम क्या कहते हो, मैं चोरी कर सकता हूँ?
  말해봐, 내가 도둑질을 할 수 있다고 말하는 거야?

연습문제 I

☑ [1-10] 주어진 힌디어의 올바른 뜻을 고르시오.

1. अपनाना	① 끓다
2. आना	② 오다
3. उगना	③ 하다
4. उठना	④ 자라나다
5. उड़ना	⑤ 날다
6. उतरना	⑥ 일어나다
7. उबलना	⑦ 뒤집히다
8. उलटना	⑧ 자신의 것으로 삼다
9. करना	⑨ 내려가다
10. कहना	⑩ 말하다

☑ [11-30] 괄호 안에 적합한 것을 고르시오.

11. भारत के प्रधानमंत्री कोरिया (आए थे, उड़े थे)।

12. भारत के पश्चिम उत्तर प्रदेश में गन्ना ख़ूब (उगता है, अपनाता है)।

13. हॉल में सबने (उबलकर, उठकर) राष्ट्रपति का अभिवादन किया।

14. चारों ओर रंगीन पताकाएँ (कह रही हैं, उड़ रही हैं)।

15. सम्राट् अशोक ने बौद्ध धर्म (उलटा था, अपनाया था)।

16. कुछ लोग हमेशा (उबला हुआ, उठा हुआ) पानी पीते हैं।

17. आँधी के कारण पानी जहाज़ (उलट सकता है, उड़ सकता है)।

18. भैया रोज़ सुबह व्यायाम (करते थे, उलटते थे)।

19. पहाड़ से (करना, उतरना) तो आसान है, चढ़ना मुश्किल है।

20. (कह कर, उलट कर) देखो कौन आया है!

21. वह राच्ची बात (कहने से, आने से) झिझकता नहीं।

22. आप पतला होने के लिए कौन-सी पद्धति (अपनाते हैं, उबलते हैं)?

23. माँ (कहती थीं, करती थीं) गंदगी फैलाना अच्छी बात नहीं है।

24. वह सेमसंग कंपनी में नौकरी (उतरता है, करता है)।

25. मेरी माता जी को बंगाली (उगती है, आती है)।

26. आकाश में चाँदनी (अपना रही थी, उग रही थी)।

27. अरे, मेरी किताब किधर (उड़ गई, उतर गई)?

28. दवा लेने के बाद बुख़ार (उतरेगा, आएगा) तुम्हारा!

29. मैंने देखा वह क्रोध से (उठ रहा था, उबल रहा था)।

30. वह गहरी नींद में था, घंटी बजी तो (उठा, उड़ा)।

☑ [31-50] 밑줄 친 단어의 동의어를 고르시오.

31. उस दंपती ने तीन अनाथ बच्चों को अपनाया।

① जानना ② अँटना

③ बढ़ना ④ गोद लेना

32. आपके यहाँ चंद्रमा कब उगता है?

① फैलना ② निकलना

③ ऐंठ दिखाना ④ इतराना

33. यह सारा सामान इस सूटकेस में नहीं आएगा।

① क़बूल करना ② अपना बनाना

③ चुनना ④ अंतर्भाव होना

34. पाकशाला में सब्ज़ी उबल रही है।

① मरना ② ग़ायब होना

③ याद आना ④ खौलना

35. मेरी दीवार का चमकीलापन धीरे-धीरे <u>उड़ रहा है</u>।

① फैलना
② घट जाना
③ ऐंठ दिखाना
④ निभाना

36. जंगल की ख़ूबसूरती <u>उतर गई है</u>।

① बोलना
② प्रकट करना
③ मुरझाना
④ बतलाना

37. सचिन तेन्दुलकर क्रिकेट की दुनिया में एक बहुत ऊपर <u>उठा हुआ</u> नाम है।

① क़ामयाब होना
② इतराना
③ ऐंठ दिखाना
④ इठलाना

38. कई बार आंदोलन के कारण सरकारें तक <u>उलट जाती हैं</u>!

① परिवर्तित हो जाना
② खौलना
③ क्रोध से भर जाना
④ उफनना

39. उसने जीवन में बहुत पुण्य <u>किए हैं</u>।

① स्मरण आना
② अर्जन करना
③ घटना
④ कम होना

40. मैं घर पर ही रहकर माँ की देखभाल <u>करूँगा</u>।

① अदृश्य होना
② सेवा में रहना
③ ग़ायब होना
④ लुप्त होना

41. प्रधानाचार्य कह रहे हैं कि मंगलवार की छुट्टी है।

① उपजना
② अंकुरित होना
③ घोषणा करना
④ उदित होना

42. पिता जी ने उबलते हुए कहा, घर से निकलो!

① क़ीमत होना
② अनुभव करना
③ बढ़ना
④ क्रोध से भर जाना

43. जंगल में पेड़ अपने-आप उगते हैं।

① घट जाना
② कम हो जाना
③ उपजना
④ फीका होना

44. भारत में लोग अक़सर बूढ़ी औरतों को 'माता जी' कहते हैं।

① फीका पड़ना
② पुकारना
③ घट जाना
④ कम हो जाना

45. अरे, यह गुलाल तो उड़कर मुझ तक पहुँच गया!

① फैलना
② पीछे की ओर पलटना
③ विपरीत हो जाना
④ पीछे घूमना

46. कई लोग केंसर की वज़ह से युवावस्था में ही इस संसार से उठ जाते हैं!

① मुरझाना
② मरना
③ हिस्सा लेना
④ स्मरण आना

47. आपने हृदय से मुझे अपनाया, बहुत-बहुत धन्यवाद।

① अंकुरित होना ② अपना बनाना
③ उदित होना ④ निकलना

48. वह बीमार है। जो खाता है, उलट देता है।

① उपजना ② जागना
③ वमन कर देना ④ आगे बढ़ना

49. बिटिया बड़ी हो गई है, अब तो मेरे कंधे तक आती है।

① बढ़ना ② इतराना
③ फीका पड़ना ④ लुप्त होना

50. सुना है इस बार शर्मा जी चुनाव में उतरेंगे।

① नाम रखना ② संकेत करना
③ बतलाना ④ भाग लेना

연습문제 I 정답

1 ⑧ 2 ② 3 ④ 4 ⑥ 5 ⑤ 6 ⑨ 7 ① 8 ⑦ 9 ③ 10 ⑩

11 आए थे 12 उगता है 13 उठकर 14 उड़ रही हैं 15 अपनाया था
16 उबला हुआ 17 उलट सकता है 18 करते थे 19 उतरना 20 उलट कर
21 कहने से 22 अपनाते हैं 23 कहती थीं 24 करता है 25 आती है
26 उग रही थी 27 उड़ गई 28 उतरेगा 29 उबल रहा था 30 उठा

31 ④ 32 ② 33 ④ 34 ④ 35 ② 36 ③ 37 ① 38 ① 39 ② 40 ②

41 ③ 42 ④ 43 ③ 44 ② 45 ① 46 ② 47 ② 48 ③ 49 ① 50 ④

11-20과

काटना - घूमना

काटना

11

산스끄리뜨어의 कृत् '자르다'에서 유래한 동사로서 '자르다'의 일차적 의미를 갖는다. 더불어 '베다', '썰다', '(깨)물다', '지우다', '(시간을) 보내다', '(피부 등을) 아프게 하다' 등의 의미를 표현한다.

1. छुरी, क़ैंची जैसे धारदार औज़ार से किसी चीज़ के टुकड़े करना 자르다, 베다, 썰다, 오리다, 깎다

- कालिदास कुल्हाड़ी से पेड़ की डाल काट रहे थे।
  깔리다스가 도끼로 나무의 가지를 자르고 있었다.
- मैं घर पर पशुओं के लिए घास काटता था।
  내가 가축들을 위해 풀을 베었었다.
- माँ सब्ज़ियाँ काटती हैं।
  엄마가 채소를 썬다.

2. दाँत से चोट करना 물다, 깨물다

- उसने गुस्से में मुझे काट लिया।
  그가 분노로 나를 깨물었다.
- कुत्ता काटेगा, तो शरीर में ज़हर फैलेगा ही।
  개가 물면 몸에 독이 퍼질 것이다.

- लड़का अमरूद को दाँत से काटकर खाता है।

  남자애가 구아바를 이로 깨물어 먹는다.

3. रद्द करना, हटाना 지우다, 빼다

- मैं अपनी मित्रमंडली से तुम्हारा नाम काट रहा हूँ।

  내가 내 친구 모임에서 너의 이름을 지우겠다.

- उन्होंने वोटरलिस्ट से मेरा नाम काट दिया था।

  그가 선거인명부에서 나의 이름을 뺐었다.

- उपस्थिति कम रहेगी तो अध्यापक विद्यालय से आपका नाम काट देंगे।

  출석이 적으면 선생님이 학교에서 당신의 이름을 지울 것이다.

4. बिताना, गुज़ारना 보내다, 지내다, 나다

- मैंने पूरी रात बिना रज़ाई के ही काटी।

  내가 온밤을 이불 없이 보냈다.

- क्या इतनी लम्बी यात्रा तुम अकेले ही काटोगे?

  이렇게 긴 여행을 너는 혼자 보낼래?

- ज़िंदगी की राह को अच्छी तरह काटने के लिए एक अच्छा हमसफ़र चाहिए।

  삶의 여정을 잘 보내기 위해 한 좋은 동행자가 필요하다.

11과 काटना

5. छरछराहट (कष्टप्रद संवेदन) पैदा करना
(따끔거리는) 통증을 유발하다

- तंग जूता पैर काटता है।
  작은 신발이 발을 쑤시게 한다.
- अरबी की सब्ज़ी गला काटती है।
  토란 요리가 목을 따끔거리게 한다.
- पापा, यह दवा काटती है, मैं नहीं लगाऊँगा इसे।
  아빠, 이 약이 따가워요, 나는 이것 안 바를래요.

खाना

12

산스끄리뜨어의 खाद् '먹다'에서 유래한 동사로서 '먹다'의 일차적 의미를 갖는다. 더불어 '수뢰하다', '해치다', '괴롭히다' 등의 의미를 나타낸다.

1. किसी ठोस खाद्य पदार्थ को चबाकर निगलना 먹다

- मैं बारह बजे खाना खाता हूँ।
  나는 12시에 식사한다.
- मैं मांस नहीं खाता।
  나는 고기를 먹지 않는다.
- तुमने कभी आम खाया है?
  너는 망고를 먹어봤니?

2. रिश्वत लेना (뇌물을) 먹다

- दफ़्तर में बाबू लोग ख़ूब घूस खाते हैं।
  사무소에서 사무원들이 매우 뇌물을 먹는다.
- खाने के आरोप में जल में बंद हैं कई नेता।
  여러 지도자들이 뇌물의 혐의로 감옥에 갇혀 있다.

- पुलिस कर्मचारियों ने उस केस में हज़ारों रुपये की रिश्वत खाई।
  경찰들이 그 건에서 수천 루피의 뇌물을 먹었다.

3. **बरबाद कर देना, न रहने देना** 잡아먹다, 해치다, 가만두지 않다

- शारब कई लोगों को खा जाती है।
  술이 여러 사람들을 잡아먹는다.
- संक्रामक रोग ने उनकी शक्ति को खा लिया।
  전염병이 그들의 힘을 해쳤다.
- काम समय पर नहीं करूँगा तो मेरा बॉस मुझे खा जाएगा।
  일을 제 때 하지 않는다면 나의 상관이 나를 가만두지 않을 거야.

4. **तंग करना, परेशान करना** 갉아먹다, 괴롭히다, 힘들게 하다

- तुम मेरा दिमाग क्यों खा रहे हो?
  너는 내 머리를 왜 지끈거리게 하니?
- उसकी वह बात मुझे अंदर ही अंदर खा रही है।
  그의 그 말이 나를 안속 깊이 갉아먹고 있다.
- संध्या में आयोजित वह संगोष्ठी कुछ ज़्यादा ही सिर खा गई।
  새벽에 개최된 그 세미나가 상당히 머리를 지끈거리게 했다.

खींचना

13

산스끄리뜨어의 कृष् '끌다'에서 유래한 동사로서 '끌다'의 일차적 의미를 갖는다. 더불어 '빨아들이다', '(사진을) 찍다', '그리다' 등의 의미를 표현한다.

1. किसी वस्तु या व्यक्ति को बलपूर्वक अपनी ओर लाना
끌다, 끌어당기다

- लड़की पतंग खींच रही थी।
  여자애가 연을 끌어당기고 있었다.
- बच्चा कुएँ से बाल्टी खींच रहा है।
  아이가 우물에서 양동이를 끌어당기고 있다.
- तुम मुझे अपनी ओर क्यों खींच रहे हो?
  너는 나를 네 쪽으로 왜 끌어당기고 있니?

2. चूसना, सोखना 빨아들이다, 흡수하다

- साँस को अंदर खींचो!
  숨을 안으로 들이켜라!
- मिट्टी पानी को खींचती है।
  흙이 물을 빨아들인다.

- मक्के की रोटी बहुत घी खींचती है।

  옥수수빵은 버터를 많이 흡수한다.

3. अनुकृति आदि के रूप में उतारना या चित्रित करना
(사진을) 찍다, (그림을) 그리다

- वह चित्र खींचता है।

  그가 그림을 그린다.

- उसने बहुत सुंदर तस्वीर खींची।

  그가 아주 아름다운 사진을 찍었다.

- चित्रकार चित्र में भावनाओं को खींचकर रख देते हैं।

  화가들은 그림에 감정들을 그려 놓는다.

खेलना

14

산스끄리뜨어의 खेल् '앞뒤로 움직이다/흔들리다'에서 유래한 동사로서 '놀다'의 일차적 의미를 갖는다. 더불어 '경기를 하다', '감돌다', '연기하다', '위험한 짓을 하다', '부리다' 등의 의미를 표현한다.

1. क्रीड़ा करना, मन बहलाने के लिए विशेष प्रकार से उछलना-कूदना
놀다, 경기를 하다

- बच्चे मैदान में खेल रहे हैं।
  어린이들이 운동장에서 놀고 있다.
- हम शाम को फुटबॉल खेलते हैं।
  우리는 저녁에 축구를 한다.
- क्या आपने कभी क्रिकेट खेला है?
  당신은 언젠가 크리켓을 한 적이 있나요?

2. सहज रूप से संचारित होना 맴돌다, 감돌다

- उनके मुख में तनाव खेल रहा है।
  그분의 얼굴에 긴장감이 감돌고 있다.
- साधु के व्यक्तित्व में एक शांति खेलती है।
  성자의 인품에는 평안이 감돈다.

- राम के चहरे पर सदा एक मुस्कराहट खेलती थी।
  람의 얼굴에 항상 미소가 맴돌았다.

3. अभिनय करना 연기하다

- तुमने कभी नाटक में खेला है?
  너는 연극에서 연기한 적이 있니?
- उस नाटक में मैं शकुंतला खेलूँगी।
  그 연극에서 나는 샤꾼딸라를 연기할 것이다.
- आपने रामलीला में राम की भूमिका खेली थी।
  당신은 람의 공연에서 람의 역할을 연기했었다.

4. जोखिम लेकर किसी कार्य में प्रवृत्त होना 위험한 짓을 하다

- आप आग से खेल रहे हैं।
  당신은 위험한 짓을 하고 있다.
- जानवरों से मत खेलो।
  동물들하고 위험한 짓을 하지 마라.
- कुछ लोग हमेशा ख़तरों से खेलते हैं।
  몇몇 사람들은 항상 위험한 짓을 한다.

5. एक विशेष प्रकार का आचरण करना जिस में कौशल की आवश्यकता हो 부리다, 피우다

- आप मेरे साथ चालाकी खेल रहे हैं।
  당신은 내게 교활한 짓을 하고 있다.

- वह हमेशा धूर्तता का खेल खेलता है।

  그는 항상 간교를 부린다.

- तुम दोस्ती का खेल खेल रहे थे।

  너는 친구인 것처럼 수작을 부리고 있었다.

खोदना

15

산스끄리뜨어의 क्षुद् '빻다/찧다'에서 유래한 동사로서 '파다'의 일차적 의미를 갖는다. 더불어 '깨다', '파내다', '조각하다', '캐묻다' 등의 의미를 표현한다.

1. किसी औज़ार से ज़मीन पर गड्ढा करना 파다

- तुम यहाँ क्या खोद रहे हो?

  너는 여기에서 무엇을 파고 있니?

- यह कुआँ गाँव के लोगों ने खोदा था।

  이 우물을 마을 사람들이 팠다.

- हम गाँव के लोग ख़ुद नहर खोदेंगे।

  우리 마을 사람들이 손수 수로를 팔 것이다.

2. किसी औज़ार से आघात करके तोड़ना 깨다, 부수다

- पुलिस वाले मकान खोद रहे हैं।

  경찰들이 집을 부수고 있다.

- मज़दूर पत्थर खोद रहे थे।

  일꾼들이 돌을 깨고 있었다.

• आपने यह दीवार क्यों खोदा?

당신은 이 벽을 왜 부쉈습니까?

3. किसी वस्तु को बाहर निकालना 파내다, 캐다, 채굴하다

• आप लोगों ने ये पौधे क्यों खोदे?

당신들은 이 묘목들을 왜 캤습니까?

• हम आज शाम को आलू खोदेंगे।

우리가 오늘 저녁에 감자를 캘 것이다.

• मज़दूर खान में खनिज पदार्थ खोद रहे हैं।

일꾼들이 광산에서 광물을 채굴하고 있다.

4. किसी औज़ार से लकड़ी, पत्थर आदि को कुरेदकर कुछ लिखना 새기다, 조각하다

• कलाकार बरतन पर मेरा नाम खोद रहा है।

예술가가 그릇에 나의 이름을 새기고 있다.

• वह दीवार पर अपनी प्रेमिका का नाम खोद रहा था।

그가 벽에 자신의 애인 이름을 새기고 있었다.

• साँची में गुहा-मंदिरों की दीवारों पर खोदकर मूर्तियाँ बनाई गई हैं।

산찌에 있는 동굴 사원들의 벽들에 조각되어 신상들이 만들어졌다.

5. कुछ जानने के उद्देश्य से बार-बार प्रश्न करना 계속해서 질문하다, 캐묻다

• पत्रकार नेताओं को खोद रहे थे।

기자들이 지도자들을 캐묻고 있었다.

- तुम गुरु को जितना खोदोगे उतना निखरोगे।

  스승에게 캐묻는 만큼 네가 정화될 것이다.

- तुम हमेशा मुझे खोदते हो, पर मैं कभी कुछ बताता नहीं।

  네가 항상 나를 캐묻는다, 그러나 나는 결코 아무것도 답을 안 한다.

6. बार-बार कुछ पूछकर किसी को उकसाने का काम करना

   들쑤시다, 자극하다, 부추기다

- देखो, मुझे ज़्यादा खोदो मत।

  이봐, 나를 많이 들쑤시지 마.

- तुम अध्यापक को क्यों खोदे जा रहे हो?

  너는 선생님을 왜 계속해서 충동하고 있니?

- किसी को भी बार-बार खोदना नहीं चाहिए।

  어느 누구도 거듭해서 들쑤시지 말아야만 한다.

खोलना

16

산스끄리뜨어의 क्षुर् '자르다/파다'에서 유래한 동사로서 '열다'의 일차적 의미를 갖는다. 더불어 '(뚜껑을) 따다', (눈을) 뜨다', '(입을) 벌리다', '(영업, 운영을) 시작하다', '벗다', '펼치다' 등의 의미를 표현한다.

1. उद्घाटित करना, आवरण हटाना 열다, 따다, 개봉하다

- कृपया दरवाज़ा खोलिए।
  문을 좀 열어주세요.
- उसने बोतल खोली और पूरी शराब पी ली।
  그가 병을 따서 술을 모두 마셨다.
- मैंने अलमारी खोलकर देखा, अंदर कुछ नहीं मिला।
  내가 벽장을 열고 보았다, 안에 아무것도 없었다.

2. शारिरिक अंगों को सजग करना (눈을) 뜨다, (입을) 벌리다, (귀를) 열다

- मैं जो कह रहा हूँ, कान खोलकर सुनो!
  내가 말하는 것을 귀를 열고 들어라!
- चुपचाप बैठे रहो, ज़बान बिल्कुल नहीं खोलना!
  조용히 앉아 있어라, 입을 열지 말아라!

- बेटा, थोड़ा मुँह खोलो। मैं दवाई डालती हूँ।
  얘야, 입을 좀 벌려라. 내가 약을 넣어주마.

3. आरंभ करना, शुरू करना (상점이나 학교 등을) 시작하다

- मैं शहर जाकर दुकान खोलूँगा।
  나는 도시에 가서 가게를 열 것이다.
- मैं एक विद्यालय खोलना चाहता हूँ।
  나는 대학을 하나 설립하기를 원한다.
- बाज़ार में जगह-जगह शराब के अड्डे खोल रहे हैं लोग।
  사람들이 시장 곳곳에 술집을 열고 있다.

4. उतारना 벗다

- बेटा, कमीज़ खोलो और नहाकर आओ!
  얘야, 셔츠를 벗어라 그리고 씻고 와라!
- मंदिर में जूते खोलकर अंदर जाना चाहिए।
  사원에 신발을 벗고 안에 들어가야만 합니다.
- उसने बनियान खोलकर दिखाया, शरीर में घाव-ही-घाव थे।
  그는 러닝셔츠를 벗어 보여주었다, 몸에 상처뿐이었다.

5. फैलाना, विस्तृत करना 벌리다, 펼치다

- पिता जी ने पढ़ने के लिए अख़बार खोला।
  아버지께서는 읽기 위해 신문을 펼치셨다.

- मैं चटाई खोलकर उस पर आसन करूँगा।

  나는 매트를 펼치고 거기에서 요가 자세를 취할 것이다.

- तुम सो जाओ, मैं तुम्हारे लिए बिस्तर खोलती हूँ।

  너는 자라, 내가 너를 위해 이부자리를 펴겠다.

गाना

17

산스끄리뜨어의 गै '노래하다'에서 유래한 동사로서 '노래하다'의 일차적 의미를 갖는다. 더불어 '지저귀다', '칭송하다'의 의미를 표현한다.

1. सुर-ताल के साथ मोहक अंदाज़ में पदों का लय में उच्चारण करना 노래하다

- लता बहुत सुंदर गाती है।
  라따는 매우 아름답게 노래한다.
- वह भजन गाता था।
  그는 찬송가를 노래했었다.
- मैं राष्ट्रपति के सम्मान में स्वागत-गीत गाऊँगा।
  나는 대통령에 대한 경의로 환영가를 부를 것이다.

2. पक्षियों आदि का मधुर स्वर में बोलना (새가) 지저귀다

- बग़ीचे में पक्षी गाते हैं।
  정원에서 새들이 지저귄다.
- चिड़ियाँ पेड़ों पर बैठकर गा रही थीं।
  새들이 나무에 앉아서 지저귀고 있었다.

- देखो, कोयल कितना सुंदर गा रही है!

  봐봐, 뻐꾸기가 너무나 아름답게 지저귀는구나!

3. प्रशंसा करना 칭찬하다, 칭송하다

- वे आपके गीत गाते रहेंगे।

  그들은 당신을 계속 칭송할 것이다.

- अब वह अपनी स्तुति गाएगा।

  이제 그가 자화자찬할 거예요.

- वह हमेशा अपने पति के प्रशंसा-गीत गाती रहती है।

  그녀는 항상 자신의 남편을 칭찬한다.

गिरना

18

산스끄리뜨어의 गल् '떨어지다'에서 유래한 동사로서 '떨어지다'의 일차적 의미를 갖는다. 더불어 '쓰러지다', '몰려들다', '(들이)닥치다', '(가치 등이) 추락하다', '합류하다' 등의 의미를 표현한다.

1. ऊपर से तीव्र वेग के साथ नीचे ज़मीन पर आ जाना 떨어지다, 쓰러지다

- पेड़ से पत्ते गिर रहे हैं।
  나무에서 나뭇잎이 떨어지고 있다.
- बच्ची छत पर से गिर गई।
  여자애가 지붕 위에서 떨어져 버렸다.
- मेरे देखते-देखते पेड़ गिर पड़ा।
  내가 보는 중에 나무가 쓰러졌다.

2. बहुत-से व्यक्तियों का एक साथ आ जाना 몰려들다

- इतनी सारी मक्खियाँ कहाँ से आकर गिरती हैं यहाँ?
  이렇게나 많은 파리들이 어디에서 와서 여기에 몰려드는 거야?
- राशन की दुकान खुलते ही सैकड़ों ग्राहक गिर पड़ते हैं।
  배급품점이 열리자마자 수백 명의 고객들이 몰려든다.

• दस जवान लोग कुछ देर में आपके घर पर गिरेंगे।
군인 열 명이 잠시 후에 당신의 집에 몰려들 것이다.

3. अचानक अधिक मात्रा में उपस्थित होना 들이닥치다, 덮치다, 쏟아지다

• हम पर मुसीबतों का पहाड़ गिर पड़ा है।
우리에게 큰 어려움이 닥쳤다.

• अगले महीने बाज़ार में बहुत-सा माल गिरेगा।
다음 달에 시장에 상당히 많은 물자가 쏟아질 것이다.

• भले ही विपत्ति का पहाड़ गिरे, धीरज मत खोना।
비록 큰 재난이 닥칠지라도 인내를 잃지 말아라.

4. अवनति पर आना, घटना, नीचे आना
(가치 등이) 추락하다, 감소하다, 나빠지다

• तुम अब कितना गिरोगे?
너 이제 얼마나 추락할래?

• कुछ दिनों में सोने का भाव बहुत गिरेगा।
며칠 안에 금 가격이 매우 내려갈 것이다.

• ख़राब संगति से आदमी का चरित्र गिरता है।
나쁜 이들과 어울리면 사람의 성품이 나빠진다.

5. धारा का नदी में मिलना, नदी का समुद्र में मिलना 합류하다

• नदी आख़िरकार समुद्र में तो गिरेगी।
강은 결국 바다에 합류할 것이다.

- गंगा नदी कोलकाता के पास पहुँचकर समुद्र में गिरती है।

  강가강은 꼴까따에 도달해서 바다에 합류한다.

- यह नहर मेरे घर के पास से जाकर नदी में गिरती थी।

  이 수로는 나의 집 근처로 해서 강에 합류했었다.

घबराना (घबड़ाना) 19

산스끄리뜨어의 **गह्वर** '당혹한' 또는 힌디어의 **गड़बड़ाना** '혼란되다'에서 유래한 동사로 추정되며 '두려워하다'의 일차적 의미를 갖는다. 더불어 '깜짝 놀라다', '안절부절못하다', '주저하다', '무료해지다' 등의 의미를 표현한다.

1. भय उत्पन्न होना 두려워하다, 겁먹다

- कृपया घबड़ाइए नहीं, सब ठीक हो जाएगा।
  제발 두려워 마세요, 모두 괜찮아질 거예요.
- पुलिस वालों को देखकर गाँव वाले घबड़ाते हैं।
  경찰들을 보고 시골 사람들이 겁먹는다.
- स्कूल में दुर्घटना की ख़बर सुनकर सब माता-पिता घबड़ा गए।
  학교에서의 사고 소식을 듣고 모든 부모들이 겁먹었다.

2. किसी दृश्य को देखकर भौंचक्का रह जाना 깜짝 놀라다, 소스라치다

- अचानक इतनी भारी भीड़ को सामने देखकर मैं घबड़ा गया।
  느닷없이 이렇게나 많은 인파를 앞에서 보고 나는 깜짝 놀랐다.
- इतने बड़े अभिनेता को अचानक आँखों के सामने पाकर वह घबड़ा जाएगी।
  이런 대배우를 갑자기 눈앞에서 발견하고서는 그녀는 깜짝 놀라게 될 것이다.

• इतने बड़े जानवर को देखकर पिता जी घबड़ा गए थे।
이렇게나 큰 동물을 보고 아버지는 소스라치셨다.

3. बेचैन और अधीर होना 안절부절못하다

• आप इतना क्यों घबड़ा रहे हैं?
당신은 왜 이렇게나 안절부절못하고 계세요?

• सुबह-सुबह फ़ोन की घंटी सुनकर मैं घबड़ा गया।
이른 아침에 전화벨 소리를 듣고 나는 안절부절못했다.

• लड़की समय पर घर नहीं पहुँची तो घर पर सब घबड़ा गए।
딸이 시간 내에 집에 돌아오지 않자 집의 모든 이들이 안절부절못했다.

4. हिचकिचाना 주저하다

• वह सभा में बोलने से घबड़ाता है।
그는 회의에서 말하기를 주저한다.

• वह विदेश जाने से घबड़ाता था।
그는 외국 가는 것을 주저했었다.

• बड़ों से बात करने से घबड़ाना नहीं चाहिए।
어른들과 대화하기를 주저하지 않아야 한다.

5. उकता जाना 무료해지다, 따분해지다, 지루해하다

• अब यहाँ मेरा मन घबड़ाता है।
지금 여기에서 내 마음이 무료해진다.

- कई बार हम अकेले रहते-रहते घबड़ा जाते हैं।

  이따금 우리는 혼자 지내다가 따분해진다.

- विदेश में रहते-रहते लोगों का कुछ ही दिनों में मन घबड़ाने लगता है।

  외국에서 계속 살면서 사람들의 마음은 며칠 만에 지루해지기 시작한다.

घूमना

20

산스끄리뜨어의 घूर्ण् '구르다/돌다'에서 유래한 동사로서 '돌다'의 일차적 의미를 갖는다. 더불어 '돌아다니다', '거닐다', '방향을 바꾸다', '벗어나다' 등의 의미를 표현한다.

1. **एक धुरी के चारों ओर चक्कर लगाना** (축을 중심으로) 돌다, 회전하다

- **घड़ी की सुई निरंतर घूम रही है।**
  시계의 바늘이 계속해서 돌고 있다.
- **बच्चो, पृथ्वी किसके चारों ओर घूमती है?**
  얘들아, 지구가 무엇의 주변을 돌지?
- **देखना, अभी थोड़ी देर में यह पहिया घूमेगा!**
  봐봐, 지금 잠시 후에 이 바퀴가 회전할 거야!

2. **यात्रा करना** 돌아다니다, 여행하다

- **अब की बार छुट्टियों में हम अमेरिका घूमेंगे।**
  이번 방학에 우리는 미국을 여행할 것이다.
- **जितना तुम घूमोगे उतना ज्ञान प्राप्त करोगे।**
  너는 여행하는 만큼 지식을 얻을 거야.

- वह लगभग आधी दुनिया घूम चुका है, अभी भी घूम रहा है।
  그는 거의 세상의 절반을 돌아다녔다, 지금도 돌아다니고 있다.

3. सुबह शाम सैर करने जाना (아침저녁으로) 거닐다, 산책하다

- मैं रोज़ सुबह घूमता हूँ।
  나는 매일 아침 산책한다.
- उठो, व्यायाम करो और थोड़ा घूमो।
  일어나라, 운동해라 그리고 좀 거닐어라.
- शाम को भोजन के बाद थोड़ी देर घूमना चाहिए।
  저녁에 식사 후에 잠시 산책할 필요가 있다.

4. पीछे की ओर मुड़ना 방향을 바꾸다, (뒤)돌다, 선회하다

- यह रास्ता वहाँ से दायीं ओर घूमता है।
  이 길은 거기에서 오른쪽으로 돈다.
- उसने घूमकर देखा, पीछे पिता जी आ रहे थे।
  그가 뒤돌아보았다, 뒤에서 아버지께서 오시고 계셨다.
- माँ घूमीं और देर तक जाते हुए बेटे को देखती रहीं।
  엄마가 뒤돌아서 오래도록 가고 있는 아들을 보고 있었다.

5. अचानक दूसरी ओर प्रवृत्त हो जाना (갑자기 다른 쪽으로) 벗어나다, 빠지다

- जो बोलते हो उससे घूमो मत।
  말한 것에서 다른 쪽으로 벗어나지 마라.

- देखो, तुम अपनी इस बात से घूमोगे तो नहीं, न?

  이봐, 너는 너의 이 말에서 벗어나지 않을 거지 그렇지?

- नेता लोग कई बार अपनी बात से घूम जाते हैं।

  지도자는 여러 번 자신이 한 말에서 벗어난다.

연습문제 II

☑ [1-10] 주어진 힌디어의 올바른 뜻을 고르시오.

1. काटना	① 열다
2. खाना	② 자르다
3. खींचना	③ 끌다
4. खेलना	④ 노래하다
5. खोदना	⑤ 겁먹다
6. खोलना	⑥ 먹다
7. गाना	⑦ 돌다
8. गिरना	⑧ 놀다
9. घबड़ाना	⑨ 파다
10. घूमना	⑩ 떨어지다

☑ [11-30] 괄호 안에 적합한 것을 고르시오.

11. मैं घर पर पशुओं के लिए घास (खाता था, काटता था)।

12. मैं बारह बजे खाना (खाता हूँ, खींचता हूँ)।

13. लड़की पतंग (खोल रही थी, खींच रही थी)।

14. यह कुआँ गाँव के लोगों ने (खोदा था, काटा था)।

15. बेटा, थोड़ा मुँह (खेलो, खोलो)। मैं दवाई डालती हूँ।

16. मैं राष्ट्रपति के सम्मान में स्वागत-गीत (खोदूँगा, गाऊँगा)।

17. स्कूल में दुर्घटना की ख़बर सुनकर सब माता-पिता (घूम गए, घबड़ा गए)।

18. हम शाम को फुटबॉल (काटते हैं, खेलते हैं)।

19. बच्चो, पृथ्वी किसके चारों ओर (घूमती है, गिरती है)?

20. पेड़ से पत्ते (गिर रहे हैं, घबड़ा रहे हैं)।

21. संक्रामक रोग ने उनकी शक्ति को (खा लिया, खोद लिया)।

22. उसने बहुत सुंदर तस्वीर (खेली, खींची)।

23. लड़का अमरूद को दाँत से (काटकर, खोलकर) खाता है।

24. कलाकार बरतन पर मेरा नाम (गा रहा है, खोद रहा है)।

25. इतनी सारी मक्खियाँ कहाँ से आकर (गिरती हैं, घबड़ाती हैं) यहाँ?

26. चिड़ियाँ पेड़ों पर बैठकर (गिर रही थीं, गा रही थीं)।

27. मैंने अलमारी (खोलकर, खाकर) देखा, अंदर कुछ नहीं मिला।

28. राम के चहरे पर सदा एक मुस्कराहट (खेलती थी, गाती थी)।

29. इतने बड़े जानवर को देखकर पिता जी (घूम गए थे, घबड़ा गए थे)।

30. नेता लोग कई बार अपनी बात से (खींच जाते हैं, घूम जाते हैं)।

☑ [31-50] 밑줄 친 단어의 동의어를 고르시오.

31. मिट्टी पानी को खींचती है।

① गुज़ारना ② सोखना
③ रद्द करना ④ दाँत से चोट करना

32. उस नाटक में मैं शकुंतला खेलूँगी।

① अभिनय करना ② चबाकर निगलना
③ परेशान करना ④ न रहने देना

33. मैं अपनी मित्रमंडली से तुम्हारा नाम काट रहा हूँ।

① नीचे ज़मीन पर आना ② अधिक मात्रा में उपस्थित होना
③ धारा का नदी में मिलना ④ हटाना

34. तुम हमेशा मुझे खोदते हो, पर मैं कभी कुछ बताता नहीं।

① चित्रित करना ② प्रश्न करना
③ अपनी ओर लाना ④ चूसना

35. बाज़ार में जगह-जगह शराब के अड्डे खोल रहे हैं लोग।

① उछलना-कूदना ② अभिनय करना

③ सहज रूप से संचारित करना ④ आरंभ करना

36. अब वह अपनी स्तुति गाएगा।

① आवरण हटाना ② फैलाना

③ उतारना ④ प्रशंसा करना

37. ख़राब संगति से आदमी का चरित्र गिरता है।

① अवनति पर आना ② शुरू करना

③ उद्घाटित करना ④ विस्तृत करना

38. कई बार हम अकेले रहते-रहते घबड़ा जाते हैं।

① चक्कर लगाना ② यात्रा करना

③ उकता जाना ④ अचानक दूसरी ओर प्रवृत्त हो जाना

39. खाने के आरोप में जल में बंद हैं कई नेता।

① बार-बार प्रश्न पूछना ② बाहर निकालना

③ उकसाने का काम करना ④ रिश्वत लेना

40. अब की बार छुट्टियों में हम अमेरिका घूमेंगे।

① उच्चारण करना ② यात्रा करना

③ प्रशंसा करना ④ मधुर स्वर में बोलना

41. मज़दूर खान में खनिज पदार्थ खोद रहे हैं।

① बाहर निकालना ② चबाकर निगलना

③ बरबाद करना ④ परेशान करना

42. दस जवान लोग कुछ देर में आपके घर पर गिरेंगे।

① भय उत्पन्न होना ② चकित होना

③ ऊबना ④ एक साथ आ जाना

43. देखो, कोयल कितना सुंदर गा रही है!

① मधुर स्वर में बोलना ② सैर करने जाना

③ पीछे की ओर मुड़ना ④ चक्कर लगाना

44. चित्रकार चित्र में भावनाओं को खींचकर रख देते हैं।

① चित्रित करना ② गड्ढा करना

③ आघात करके तोड़ना ④ कुरेदकर लिखना

45. मैंने पूरी रात बिना रज़ाई के ही काटी।

① उच्चारण करना ② बिताना

③ बोलना ④ प्रशंसा करना

46. बच्चे मैदान में खेल रहे हैं।

① हिचकिचाना ② भौंचक्का होना

③ क्रीड़ा करना ④ अधीर होना

47. मंदिर में जूते खोलकर अंदर जाना चाहिए।

① उतारना
② टुकड़े करना
③ चोट करना
④ गुजारना

48. संध्या में आयोजित वह संगोष्ठी कुछ ज़्यादा ही सिर खा गई।

① क्रीड़ा करना
② उछलना-कूदना
③ तंग करना
④ अभिनय करना

49. शाम को भोजन के बाद थोड़ी देर घूमना चाहिए।

① चूसना
② अपनी ओर लाना
③ चिन्तित करना
④ सैर करना

50. लड़की समय पर घर नहीं पहुँची तो घर पर सब घबड़ा गए।

① बेचैन होना
② नीचे आना
③ घटना
④ अवनति पर आना

연습문제 II 정답

1 ② 2 ⑥ 3 ③ 4 ⑧ 5 ⑨ 6 ① 7 ④ 8 ⑩ 9 ⑤ 10 ⑦

11 काटता था 12 खाता हूँ 13 खींच रही थी 14 खोदा था 15 खोलो
16 गाऊँगा 17 घबड़ा गए 18 खेलते हैं 19 घूमती है 20 गिर रहे हैं
21 खा लिया 22 खींची 23 काटकर 24 खोद रहा है 25 गिरती हैं
26 गा रही थीं 27 खोलकर 28 खेलती थी 29 घबड़ा गए थे 30 घूम जाते हैं

31 ② 32 ① 33 ④ 34 ② 35 ④ 36 ④ 37 ① 38 ③ 39 ④ 40 ②

41 ① 42 ④ 43 ① 44 ① 45 ② 46 ③ 47 ① 48 ③ 49 ④ 50 ①

21-30과

चढ़ना - जमना

चढ़ना

21

뻐라끄리뜨어의 चड/चढ '오르다'에서 유래한 동사로서 '올라가다'의 의미를 일차적으로 갖는다. 더불어 '올라타다', '(해, 별이) 떠오르다', '(물가가) 상승하다', '(온도가) 오르다', '(제물이) 올려지다', '위압하다', '화내다' 등의 의미를 표현한다.

1. पैरों की सहायता से नीचे से ऊपर की ओर जाना (발로) 올라가다

- छोटा बच्चा पहाड़ पर चढ़ता है।
  어린애가 산에 오른다.
- पेड़ पर चढ़ो और नीचे देखो!
  나무에 올라가서 아래를 봐라!
- माता जी सीढ़ियाँ चढ़कर आयीं।
  어머니가 계단을 올라오셨다.

2. किसी मनुष्य, जानवर या वाहन आदि के ऊपर बैठना
(탈 것에) 타다, 올라타다, 탑승하다

- बच्चा पिता के कंधे पर चढ़कर उछल रहा है।
  아이가 아버지의 어깨에 올라타 뛰고 있다.
- राजा घोड़े पर चढ़ा और चल दिया।
  왕이 말에 탔다 그리고 떠났다.

- मैं कल पहली बार हवाई जहाज़ पर चढ़ूँगा।
  나는 내일 처음으로 비행기에 탈 것이다.

3. ऊपर की ओर उठना (해 등이) 떠오르다, (물가 등이) 상승하다

- दिन चढ़ता जा रहा था।
  태양이 점점 떠오르고 있었다.
- हवाई जहाज़ आकाश में चढ़ रहा है।
  비행기가 하늘에 떠오르고 있다.
- अभी तो देखना, क़ीमतें और चढ़ेंगी।
  이제 봐봐요, 물가가 더 상승할 거예요.

4. ऊपर की ओर बढ़ना (온도가) 오르다

- उसे बुख़ार चढ़ा है।
  그가 열이 올랐다.
- पारा चढ़ता जा रहा है।
  수은(온도)이 오른다.
- उसे मस्ती चढ़ी है।
  그가 취기가 올랐다.

5. देवी-देवता आदि को श्रद्धा भक्ति से कुछ अर्पित किया जाना 바쳐지다, 봉헌되다

- मंदिर में लड्डू चढ़ता है।
  사원에 랏두 당과가 봉헌된다.

- इस मंदिर में नारियल चढ़ता है।
  이 사원에 야자가 바쳐진다.
- वैष्णो देवी माता को दस कुंटल मिठाई चढ़ी।
  배슈노 여신에게 10 퀸틀(508 킬로)의 당과가 봉헌되었다.

6. दबाव में रखना, हावी होना, गुस्सा होना 위압하다, 화내다

- तुम मुझ पर इतना क्यों चढ़ रहे हो?
  너는 나한테 왜 위압하는가?
- उसका बॉस कल उस पर चढ़ बैठा!
  그의 상관이 어제 그에게 화냈다.
- घर को साफ़ रखो, नहीं तो अम्मा आते ही चढ़ जाएँगी।
  집을 깨끗하게 해라, 그렇지 않으면 엄마가 오시자마자 화내실 거야.

चमकना

22

산스끄리뜨어의 **चमत्कृ** '놀라움을 나타내다/놀라게 하다'에서 유래한 동사로서 '반짝이다'의 의미를 일차적으로 갖는다. 더불어 '빛나다', '크게 퍼지다', '깜짝 놀라다', '짜증 내다', '번창하다' 등의 의미를 표현한다.

1. प्रकाशमान होना, उज्ज्वलित होना 반짝이다, 번쩍이다

- ध्रुवतारा तेज़ से चमकता है।
  북극성이 강하게 반짝인다.

- आकाश में तारे चमक रहे हैं।
  하늘에 별들이 반짝이고 있다.

- उसी समय आसमान में एक बिजली चमकी।
  바로 그때 하늘에 번개가 번쩍였다.

2. अच्छी तरह से भासित होना 빛나다

- धूप में गहना चमकता है।
  햇볕에 장신구가 빛난다.

- वहाँ देखो, शीशा चमक रहा है।
  저기 봐라, 유리가 빛나고 있다.

- बड़े नेता की उपस्थिति में छोटे नेता चमकेंगे नहीं।
  큰 지도자가 있는 한 작은 지도자는 빛나지 않을 것이다.

3. उग्र रूप धारण करके फैलना 창궐하다, 크게 퍼지다

- पूरे प्रदेश में मलेरिया चमक रहा है।
  전 지방에 말라리아 창궐하고 있다.
- गंदगी अधिक होगी तो हैजा चमकेगा।
  많이 불결하면 콜레라가 크게 퍼질 것이다.
- सरकार ध्यान नहीं देगी तो यह रोग चमकेगा ही।
  정부가 주의를 기울이지 않으면 이 질병이 크게 퍼질 것이다.

4. बिदकना, पीछे हटना 깜짝 놀라다, 놀라서 물러서다

- कुत्ते को देखकर बिल्ली चमकती है।
  개를 보고 고양이가 놀라서 물러선다.
- हाथी को सामने पाकर गाय चमक गई।
  코끼리가 앞에 있는 것을 발견하고 암소가 놀라서 물러섰다.
- जब पता चलेगा कि अध्यापक आसपास हैं, छात्र चमक जाएँगे।
  선생님이 가까이 계신 것을 알게 되면 남학생들은 놀랄 것이다.

5. थोड़ा नाराज़ होना 성질내다, 짜증 내다

- घर देर से पहुँचूँगा तो माँ चमकेंगी।
  내가 집에 늦게 도착하면 엄마가 짜증 낼 것이다.

• चाची जी बात-बात पर चमकती थीं।

숙모는 모든 일에 성질을 냈었다.

• ग़लती आपकी है, फिर भी आप हम पर चमक रहे हैं।

당신의 잘못이다, 그럼에도 당신은 우리에게 성질내고 있다.

6. उन्नति पर होना 번창하다, 화려해지다

• मेरा भाग्य चमका।

나의 운명은 화려했다.

• उसका करियर जल्दी ही चमकेगा।

그의 경력은 빠르게 화려해질 것이다.

• आजकल सोने का कारोबार बहुत चमक रहा है।

요즘 금의 사업이 매우 번창하고 있다.

चलना

23

산스끄리뜨어의 **चल्** '움직이다'에서 유래한 동사로서 '이동하다'의 의미를 일차적으로 갖는다. 더불어 '걷다', '가다', '작동하다', '성사되다', '계속되다', '지속되다', '적대하다' 등의 의미를 표현한다.

1. पैरों की सहायता से एक जगह से दूसरी जगह जाना 걷다, 가다

- अच्छा, मैं चलता हूँ। नमस्ते।
  네, 저는 갈게요. 안녕히 계세요.
- माता जी कुछ धीरे चलती हैं।
  어머니께서 좀 천천히 걸으신다.
- देखो, सड़क पर कितने लोग चल रहे हैं!
  봐라, 길에 얼마나 많은 사람들이 가고 있는지!

2. सक्रिय होकर अपना काम संपादित करना (기계가) 작동하다, (몸이) 움직이다

- यह मशीन कई साल चलेगी।
  이 기계는 수년은 작동할 것이다.
- यह घड़ी नहीं चलती। मुझे दूसरी दीजिए।
  이 시계는 작동하지 않네요. 제게 다른 것을 주세요.

- अभी तो दादा जी कई साल चलेंगे।

  지금은 할아버지께서 수년은 운신하실 것이다.

3. निर्वाह होना (일이) 이루어지다

- इतने पैसों से काम नहीं चलेगा।

  이 정도 돈으로는 일이 이루어지지 않을 것이다.

- दो मज़दूरों से नहीं चला, पाँच बुलाने पड़े।

  두 명의 일꾼으로는 되지 않았다, 다섯 명을 불러야 했다.

- सिर्फ़ चाय-पानी से नहीं चलेगा, खाने का इंतज़ाम करो!

  단지 음료로 되지 않을 것이다, 음식도 준비해라!

4. जारी रहना 계속되다, 지속되다

- बैठक शाम तक चलेगी।

  회의가 저녁까지 계속될 것이다.

- इराक़-ईरान युद्ध एक दशक तक चला था।

  이라크와 이란의 전쟁은 십 년 동안 지속되었었다.

- भारत-पाकिस्तान में हमेशा घमासान चलता रहता है।

  인도와 파키스탄에 항상 격전이 계속되고 있다.

5. विरोध या वैमनस्य होना 적대하다, 반감을 갖다

- उन दो भाइयों में आजकल ख़ूब चल रही है।

  그 두 형제는 요즘 매우 적대적이다.

- कार्यालयों में अकसर कर्मचारियों के बीच चलता रहता है।

  사무실에 보통 사무원들 사이에 적대감이 흐른다.

- तुम दोनों में हमेशा कुछ न कुछ चलता रहता है, प्यार से क्यों नहीं रहते?

  너희 둘 사이에 항상 무엇인가 적의가 감돈다, 사랑으로 왜 못 지내니?

चाहना

24

힌디어의 명사 **चाह** '원함'에서 파생한 동사로서 '원하다'의 의미를 일차적으로 갖는다. 더불어 '좋아하다', '사랑하다', '청원하다' 등의 의미를 표현한다.

1. इच्छा करना, कामना करना 원하다

- मैं आपके पास आना चाहता हूँ।
  내가 당신에게 가길 원한다.
- वह बहुत पैसा चाह रहा था।
  그는 많은 돈을 원하고 있었다.
- आप कॉफ़ी लेना चाहेंगे या फिर चाय?
  당신은 커피를 드실래요 아니면 차를요?

2. अनुराग रखना, स्नेह रखना 좋아하다

- तुम्हें सब लोग बहुत चाहेंगे।
  너를 모든 사람들이 좋아할 것이다.
- वह अपने भाई को बहुत चाहता है।
  그는 자신의 형을 매우 좋아한다.

- आप मुझे बिल्कुल नहीं चाहते हैं।
  당신은 나를 전혀 안 좋아한다.

3. किसी के प्रति शृंगारिक प्रेम रखना (남녀 간) 사랑하다

- मैं उस लड़की को चाहता हूँ।
  나는 그 소녀를 사랑한다.
- दुष्यंत शकुंतला को बहुत चाहते थे।
  두샨따 왕은 샤꾼딸라를 매우 사랑했었다.
- नायक नायिका को चाह रहा है।
  남자주인공이 여자주인공을 사랑하고 있다.

4. किसी चीज़ के लिए अनुनय करना 청원하다

- आप सरकार से क्या चाहते थे?
  당신은 정부에 무엇을 청원했었습니까?
- हम चाहते हैं कि अपराधी को सख़्त सज़ा मिले।
  우리는 죄인에게 엄중한 벌이 내려지기를 청원한다.
- कर्मचारी चाह रहे हैं कि उनका वेतन बढ़ाया जाए।
  사무원들이 그들의 봉급이 오르도록 청원하고 있다.

चुनना

25

산스끄리뜨어의 चि '모으다/수집하다'에서 유래한 동사로서 '고르다'의 의미를 일차적으로 갖는다. 더불어 '선출하다', '(곡식을) 쪼아먹다', '수집하다', '정돈하다' 등의 의미를 표현한다.

1. छाँटना 고르다, 추려내다, 추리다

- तुम यहाँ बैठकर दाल चुनो !

  너 여기에 앉아서 콩을 골라라!

- मैं दुकान में कमीज़ चुन रहा हूँ।

  나는 가게에서 셔츠를 고르고 있다.

- माँ चावल से कंकड़ियाँ चुन रही हैं।

  엄마가 쌀에서 돌을 골라내고 계신다.

2. निर्वाचित करना, मतदान द्वारा प्रतिनिधि बनाना 선출하다, 뽑다

- कोरिया में सीधे जनता ही राष्ट्रपति को चुनती है।

  한국에서 국민이 직접 대통령을 선출한다.

- कल के चुनाव में मित्रों ने मुझे कक्षा का मुखिया चुना।

  어제 선거에서 친구들이 나를 반장으로 선출했다.

- लगता है अगले चुनाव में भी लोग इस पार्टी को ही चुनेंगे!
  다음 선거에서도 사람들이 이 정당을 뽑을 것 같다!

3. **चोंच से दाना आदि उठाना, चुगना**
   (곡식 등을) 부리로 줍다, 쪼아먹다, 쪼다

- मुर्गी दाने चुनती है।
  새가 곡식을 쪼아먹는다.
- पक्षी धान के कण चुनकर जीते हैं।
  새는 벼의 낱알을 쪼아먹고 산다.
- ये कबूतर क्या चुनते रहते हैं दिन-भर?
  이 비둘기들이 무엇을 계속 쪼고 있지요 종일?

4. **उँगलियों से (तोड़कर) इकट्ठा करना** (손으로) 모으다, 채집하다, 수거하다

- माली रोज़ फूल चुनता है।
  정원사가 꽃을 채집한다.
- मैं पूजा के लिए पेड़ से पत्ते चुनूँगा।
  나는 예배를 위해 나무에서 잎을 채집할 것이다.
- हम तीन लोग दादा जी की अस्थियाँ चुनने श्मशानभूमि जाएँगे।
  우리 세 명이 할아버지의 유골을 수거하러 화장터에 갈 것이다.

5. **सजाना, व्यवस्थित करना** 정돈하다, 정리하다, (상을) 차리다

- बच्ची गुड़ियाओं को चुनती है।
  여자애가 인형들을 정돈한다.

• अध्यापक अलमारी में किताबें चुन रहे हैं।

선생님이 책장에 책들을 정리하고 계신다.

• बड़ी बहन मेज़ पर खाना चुनती है।

언니가 테이블에 음식을 차린다.

चुराना

26

산스끄리뜨어의 चुर् '훔치다'에서 유래한 동사로서 '(물건을) 훔치다'의 의미를 일차적으로 갖는다. 더불어 '(마음을) 훔치다', '(소식 등을) 숨기다', '(시선을) 피하다', '게을리하다', '떼먹다' 등의 의미를 나타낸다.

1. दूसरे की चीज़ को उसकी अनुमति या जानकारी बिना उठा लेना
훔치다, 도둑질하다

- वह लड़का चोर है, छात्रावास में दूसरों का सामान चुराता है।
  그 남자애는 도둑이다, 기숙사에서 다른 이들의 물건을 훔친다.
- बचपन में हम कई बार दूसरों के खेतों से खीरा चुराते थे।
  어린 시절에 우리는 여러 번 다른 사람들의 밭에서 오이를 서리했었다.
- कई बार लोग पुस्तकालयों से पुस्तकें चुरा लेते हैं।
  여러 번 사람들이 도서관에서 책들을 훔쳐 간다.

2. भावनात्मक रूप से वश में करना (마음을) 훔치다, 빼앗다

- कृष्ण ने गोपियों का चित्त चुरा लिया था।
  끄리슈나는 고삐들(여자 목동들)의 마음을 훔쳤었다.
- बच्चों की मुस्कानें सबका दिल चुराती हैं।
  아이들의 미소는 모든 이의 마음을 빼앗는다.

- तुम्हारी ये प्यारी बातें मेरा दिल चुरा रही हैं।

  너의 이 달콤한 말들이 나의 마음을 빼앗고 있다.

3. भय, लज्जा आदि के कारण छुपाना, सामने न पड़ना

   (소식 등을) 숨기다, (시선 등을) 피하다

- तुमने अपनी शादी की ख़बर मुझसे क्यों चुराई?

  너는 네 자신의 결혼 소식을 나한테 왜 숨겼니?

- वह छात्र आजकल मुझसे नज़रें चुराता है।

  그 학생은 요즘 나와 시선을 피한다.

- पता नहीं क्यों, मेरी बिटिया हमसे आँखें चुरा रही है आजकल!

  어찌된 연유에서인지 나의 딸이 우리의 시선을 피하고 있다 요즘!

4. पूरा प्रयोग न करना 열심히 하지 않다, 게을리하다

- वह पढ़ने से जी चुराता है।

  그는 공부를 열심히 하지 않는다.

- वह काम से जी चुराता है।

  그는 일을 열심히 하지 않는다.

5. पूरा न देना या थोड़ा ले जाना 떼먹다

- दूधवाले दूध चुराते थे।

  우유 장수가 우유를 떼먹었었다.

- खेत में काम करने वाले नौकर अकसर फ़सल चुराते हैं।

  밭에서 일하는 일꾼들이 보통 농작물을 떼먹는다.

छूटना

27

산스끄리뜨어의 छुट् '자르다', 쁘라끄리뜨어의 छुट्ट '(묶임이) 풀리다'에서 유래한 동사로 '풀려나다'를 일차적 의미로 갖는다. 더불어 '(잡고 있던 것이) 빠져나가다', '(액체가) 흘러나오다', '빠트려지다', '(탈 것이) 떠나다' 등의 의미를 표현한다.

1. बंधन से मुक्त होना 풀려나다, 벗어나다

- उस दिन जेल से बीस क़ैदी छूटे थे।
  그날 감옥에서 스무 명의 죄수들이 풀려났었다.
- पता नहीं मैं इस बंधन से कब छूटूँगा।
  내가 언제 이 구속에서 벗어날까?
- योगी लोग ध्यान के द्वारा जन्म-मरण के चक्र से छूट जाते हैं।
  요가수행자들은 명상을 통해서 생사의 수레바퀴에서 벗어난다.

2. किसी चीज़ का जकड़ से अलग होना
(잡고 있던 것이) 빠져나가다, 놓치게 되다

- उसके हाथ से गिलास छूट गया!
  그가 손에서 유리잔을 놓쳤다.
- कई बार तुमसे गेंद छूट जाती है।
  여러 번 네가 공을 놓쳐버린다.

- उसके हाथ से शराब का प्याला छूटेगा।
  그가 손에서 술잔을 놓칠 것이다.

3. तरल पदार्थ का निकालना (액체가) 흘러나오다

- गर्मी के कारण शरीर से पसीना छूटता है।
  더위로 인해 몸에서 땀이 난다.
- तरकारी में पानी छूट रहा है।
  채소에 물이 나오고 있다.
- शरीर से रक्त की धारा छूट रही थी।
  몸에서 피가 흘러나오고 있었다.

4. किसी वस्तु या व्यक्ति का भूल से कहीं रह जाना (부주의로) 빠트려지다, 잃게 되다, 실종되다

- मेरी घड़ी विश्वविद्यालय विभाग में छूट गई है।
  내가 시계를 학과에서 빠트렸다.
- तुम्हारा चश्मा कहाँ छूट गया?
  네 안경을 어디에 빠트렸니?
- पुराने ज़माने में कई बार बच्चे मेले में छूट जाते थे।
  옛날에 종종 아이들이 축제에서 실종되었다.

5. किसी वाहन का प्रस्थान करना (탈 것이) 떠나다

- बस सुबह ठीक सात बजे छूटती है।
  버스가 아침 일곱 시 정각에 떠난다.

- यह गाड़ी यहाँ से कितने बजे छूटेगी?

  이 차는 여기에서 몇 시에 떠나요?

- वह जहाज़ दिल्ली एयरपोर्ट से पाँच पचपन पर छूटा।

  이 비행기는 델리 공항에서 5시 55분에 떠났다.

छूना

28

산스끄리뜨어의 छुप् '건드리다'에서 유래한 동사로서 '건드리다/만지다'의 의미를 일차적으로 갖는다. 더불어 '(제물에) 손을 얹다', '(주제를) 다루다', '영향을 주다', '감동시키다' 등의 의미를 표현한다.

1. हाथ या शरीर के किसी अन्य अंग के द्वारा स्पर्श करना
만지다, 건드리다, 손대다

- बेटा, इस फूल को मत छूना।
  얘야, 이 꽃을 건들지 마라.
- माता जी ने मुझे छुआ और कहा, "तुम्हें बुख़ार है।"
  어머니가 나를 손대시고 "네게 열이 있네"라고 말씀하셨다.
- बात करते हुए हमें एक-दूसरे को बार-बार छूना नहीं चाहिए।
  우리는 말하는 중에 자꾸 서로를 손대지 말아야 한다.

2. दान देने के लिए किसी वस्तु को हाथ लगाना
(바치는 물건에 성의를 담아) 손을 얹다

- पैसों को छुइए और देवता पर चढ़ा दीजिए।
  돈에 손을 얹은 후에 신에게 바치세요.

- उन्होंने मिठाई को छुआ और नदी में बहा दिया।
  그들은 당과에 손을 얹은 후에 강에 띄웠다.

- पिता जी ने गाय को छुआ और उसे ब्राह्मण को दान में दिया।
  아버지께서 암소에 손을 얹은 후에 그것을 브라만에게 봉헌하셨다.

3. किसी विषय के संबंध में कुछ कहना (주제를) 다루다

- पिछली कक्षा में हमने इस विषय को छुआ था।
  지난 수업에서 우리가 이 주제를 다뤘었다.

- उस लेखक ने भी अपनी किताब में इस विषय को छुआ है।
  그 작가도 자신의 책에서 이 주제를 다뤘다.

- प्रोफ़ेसर साहब पढ़ाते हुए अन्य भी बहुत-सी बातों को छूते हैं।
  교수님께서 가르치시면서 다른 상당히 많은 것들도 다루신다.

4. प्रभावित करना 영향을 주다, 감동시키다

- उसकी सादगी सबको छू लेती है।
  그의 소박함은 모두에게 영향을 준다.

- स्वामी विवेकानंद के भाषण ने लोगों का हृदय छू लिया।
  스와미 비베까난다의 연설이 사람들의 마음을 감동시켰다.

- तुम्हारी वह बात मेरे पिता जी के मन को छू गई।
  너의 그 이야기가 내 아버지의 마음을 감동시켰다.

छोड़ना

29

산스끄리뜨어의 छुर् '자르다', 쁘라끄리뜨어의 छोड '(묶임을) 풀다'에서 유래한 동사로 '풀어주다'를 일차적 의미로 갖는다. 더불어 '버리다', '그만두다', '놔두다', '(액체를) 따르다', '(물건을) 넣다' 등의 의미를 표현한다.

1. मुक्त करना 풀어주다, 놓아주다, 석방하다

- डाकुओं ने भाई को छोड़ा।
  도둑들이 형제를 놓아주었다.
- अदालत ने अपराधी को छोड़ दिया है।
  법원이 범죄자를 풀어주었다.
- पाकिस्तान पाँच भारतीय क़ैदियों को छोड़ेगा।
  파키스탄이 인도인 죄수 다섯을 석방할 것이다.

2. त्याग देना, संबंध हटा देना 버리다, (관계를) 포기하다

- आप हमें ऐसे मत छोड़िए।
  당신은 우리를 이렇게 버리지 마세요.
- उसने अपनी पत्नी को छोड़ दिया है।
  그가 자신의 부인을 버렸다.

- आत्मज्ञान की खोज के लिए बुद्ध ने सब कुछ छोड़ दिया था।

  영적 지식을 찾기 위해서 부처가 모든 것을 포기해버렸다.

3. किसी कार्य को आगे के लिए बंद कर देना
(미래를 위해) 그만두다

- आप शराब कब छोड़ेंगे?

  당신은 언제 금주하실 겁니까?

- बेटा, व्यायाम करना कभी मत छोड़ना।

  얘야, 운동하는 것을 결코 그만두지 말아라.

- मेरे भाई ने सिगरेट पीना छोड़ दिया है।

  내 형제가 담배 피우는 것을 그만두었다.

4. किसी चीज़ को भूल से या जानबूझकर कहीं रख देना
(어딘가에) 놔두다

- आपने अपनी घड़ी कहाँ छोड़ दी?

  당신은 당신의 시계를 어디에 놔두었어요?

- मैंने अपना छाता शायद ऑफ़िस में ही छोड़ दिया।

  내가 내 우산을 아마도 사무실에 놔두었다.

- भाई अपना सामान मेरे पास ही छोड़ेगा।

  오빠가 자기 짐을 나한테 놔둘 것이다.

5. डालना (물 등을) 붓다, 따르다, (물건 등을) 넣다

- वह पौधों पर पानी छोड़ रहा है।
  그는 묘목들에 물을 주고 있다.
- पुजारी गंगा में दूध छोड़ रहा है।
  사제가 강가에 우유를 붓고 있다.
- इस पत्र को पत्र-पेटी में छोड़ आओ।
  이 편지를 우편함에 넣고 와요.

जमना

30

산스끄리뜨어의 यम् '쥐다/붙들다/통제하다'에서 유래한 동사로서 '굳다/응고하다'를 일차적 의미로 갖는다. 더불어 '얼다', '머무르다', '나다', '모이다', '자리 잡다' 등의 의미를 표현한다.

1. किसी तरल पदार्थ का ठोस रूप धारण करना 응고하다, 굳다, 얼다

- उसका ख़ून जम गया।

  그의 피가 굳어 버렸다.

- फ़्रिज में रखे-रखे दूध जम जाएगा।

  냉장고에 놓인 채 우유가 응고될 것이다.

- कई बार ठंड की वज़ह से नदी का पानी जम जाता है।

  이따금 추위 때문에 강물이 얼어 버린다.

2. टिकना 머무르다

- कल उसकी आँखें मुझ पर ही जमी रहीं।

  어제 그의 눈이 나에게만 머물러 있었다.

- तुम अब यहीं जमे रहोगे या घर चलोगे?

  너는 지금 여기에 머물래 아니면 집에 갈래?

• बेटा, जीवन में कुछ बनना हो तो गुरु जी के चरणों में ही जम जाओ!

아들아, 인생에서 무엇인가 되려면 스승의 발치에 머물러 있거라!

3. उगना, उत्पन्न होना 나다

• खेत में ख़ूब सारा घास जम गया है।

밭에 매우 많은 풀이 났다.

• मेरे आँगन में कई पौधे जम गए हैं।

내 뜰에 관목이 여러 그루 났다.

• गंजे के सिर पर बाल नहीं जमते।

대머리에는 머리카락이 나지 않아요.

4. इकट्ठा होना 모이다

• कार्यक्रम में बहुत-से कलाकार जमे थे।

행사에 많은 예술가들이 모였었다.

• देखते ही देखते वहाँ एक भीड़ जम गई।

눈 깜짝할 사이에 거기에 한 무리가 모여들었다.

• छात्र कुलपति कार्यालय में जम गए और नारे लगाने लगे।

학생들이 교장실에 모여들었다 그리고 구호를 외치기 시작했다.

5. दृढ़ता के साथ स्थापित होना 굳건하게 세워지다, 자리 잡히다, 정착되다

• उसका रोज़गार जम गया है।

그의 생업이 잘 자리 잡혔다.

- मेरे भाई की वकालत जम गई है।

  나의 형의 변호사업이 자리 잡혔다.

- एक बार मेरा व्यापार जम जाए तब शादी की सोचूँगा।

  일단 나의 사업이 자리 잡히면 그때 결혼을 생각할 것이다.

연습문제 III

☑ [1-10] 주어진 힌디어의 올바른 뜻을 고르시오.

1. चढ़ना	① 이동하다
2. चमकना	② 고르다
3. चलना	③ 올라가다
4. चाहना	④ 훔치다
5. चुनना	⑤ 건드리다
6. चुराना	⑥ 반짝이다
7. छूटना	⑦ 원하다
8. छूना	⑧ 풀어주다
9. छोड़ना	⑨ 응고하다
10. जमना	⑩ 풀려나다

☑ [11-30] 괄호 안에 적합한 것을 고르시오.

11. मैं कल पहली बार हवाई जहाज़ पर (छूटूँगा, चढूँगा)।

12. सिर्फ़ चाय-पानी से नहीं (चलेगा, चढ़ेगा), खाने का इंतज़ाम करो!

13. दुष्यंत शकुंतला को बहुत (चुनते थे, चाहते थे)।

14. प्रोफ़ेसर साहब पढ़ाते हुए अन्य भी बहुत-सी बातों को (चुराते हैं, छूते हैं)।

15. तुम्हारी ये प्यारी बातें मेरा दिल (छोड़ रही हैं, चुरा रही हैं)।

16. पक्षी धान के कण (छोड़कर, चुनकर) जीते हैं।

17. धूप में गहना (चमकता है, चलता है)।

18. उसने अपनी पत्नी को (चुरा दिया है, छोड़ दिया है)।

19. फ़्रिज में रखे-रखे दूध (जम गया, छूट गया)।

20. बस सुबह ठीक सात बजे (छूटती है, जमती है)।

21. मेरे भाई की वकालत (चुरा गई है, जम गई है)।

22. उन्होंने मिठाई को (छुआ, चाहा) और नदी में बहा दिया।

23. यह घड़ी नहीं (जमती, चलती)। मुझे दूसरी दीजिए।

24. शरीर से रक्त की धारा (छोड़ रही थी, छूट रही थी)।

25. छोटा बच्चा पहाड़ पर (छूता है, चढ़ता है)।

26. कोरिया में सीधे जनता ही राष्ट्रपति को (चुनती है, छूती है)।

27. अदालत ने अपराधी को (चाह दिया है, छोड़ दिया है)।

28. वह बहुत पैसा (चाह रहा था, चढ़ रहा था)।

29. कुत्ते को देखकर बिल्ली (चमकती है, छोड़ती है)।

30. बचपन में हम कई बार दूसरों के खेतों से खीरा (चलते थे, चुराते थे)।

☑ [31-50] 밑줄 친 단어의 동의어를 고르시오.

31. तुमने अपनी शादी की ख़बर मुझसे क्यों चुराई?

① छुपाना ② बंद कर देना

③ त्याग देना ④ मुक्त करना

32. मेरी घड़ी विश्वविद्यालय विभाग में छूट गई है।

① ठोस रूप धारण करना ② टिकना

③ भूल से कहीं रह जाना ④ उगना

33. माता जी ने मुझे छुआ और कहा, "तुम्हें बुख़ार है।"

① संबंध हटा देना ② मुक्त करना

③ कहीं रख देना ④ स्पर्श करना

34. मेरे भाई ने सिगरेट पीना छोड़ दिया है।

① बंद कर देना ② पूरा न देना

③ छुपाना ④ अनुमति बिना उठा लेना

35. कल उसकी आँखें मुझ पर ही <u>जमी रहीं</u>।

① हाथ लगाना ② विषय के संबंध में कुछ कहना

③ टिकना ④ प्रभावित करना

36. उसी समय आसमान में एक बिजली <u>चमकी</u>।

① प्रकाशमान होना ② जकड़ से अलग होना

③ मुक्त होना ④ प्रस्थान करना

37. वैष्णो देवी माता को दस कुंटल मिठाई <u>चढ़ी</u>।

① भासित होना ② बिदकना

③ उन्नति पर होना ④ अर्पित किया जाना

38. इराक़-ईरान युद्ध एक दशक तक <u>चला था</u>।

① ऊपर की ओर बढ़ना ② ऊपर बैठना

③ ग़ुस्सा होना ④ जारी रहना

39. वह पौधों पर पानी <u>छोड़ रहा है</u>।

① कामना करना ② स्नेह रखना

③ अनुराग रखना ④ डालना

40. आप कॉफ़ी लेना <u>चाहेंगे</u> या फिर चाय?

① प्रतिनिधि बनाना ② इच्छा करना

③ चुगना ④ सजाना

41. छात्र कुलपति कार्यालय में जम गए और नारे लगाने लगे।

① निर्वाह होना ② जारी रहना

③ विरोध होना ④ इकट्ठा होना

42. माँ चावल से कंकड़ियाँ चुन रही हैं।

① नाराज़ होना ② पीछे हटना

③ छाँटना ④ उग्र रूप धारण करके फैलना

43. स्वामी जी के भाषण ने मेरे हृदय को छू लिया।

① प्रभावित करना ② पूरा प्रयोग न करना

③ जानकारी बिना उठा लेना ④ थोड़ा ले जाना

44. उस दिन जेल से बीस क़ैदी छूटे थे।

① उत्पन्न होना ② बंधन से मुक्त होना

③ टिकना ④ दृढ़ता के साथ स्थापित होना

45. वह पढ़ने से जी चुराता है।

① हाथ लगाना ② स्पर्श करना

③ पूरा प्रयोग न करना ④ प्रभावित करना

46. उन दो भाइयों में आजकल ख़ूब चल रही है।

① एक से दूसरी जगह जाना ② निर्वाह होना

③ जारी रहना ④ वैमनस्य होना

47. बड़ी बहन मेज़ पर खाना चुनती है।

① व्यवस्थित करना ② तोड़कर इकट्ठा करना

③ निर्वाचित करना ④ चुगना

48. घर को साफ़ रखो, नहीं तो अम्मा आते ही चढ़ जाएँगी।

① ऊपर बैठना ② गुस्सा होना

③ अर्पित किया जाना ④ ऊपर की ओर बढ़ना

49. ग़लती आपकी है, फिर भी आप हम पर चमक रहे हैं।

① उन्नति पर होना ② उज्ज्वलित होना

③ उग्र रूप धारण करके फैलना ④ थोड़ा नाराज़ होना

50. हम चाहते हैं कि अपराधी को सख़्त सज़ा मिले।

① इच्छा करना ② अनुनय करना

③ शृंगारिक प्रेम रखना ④ अनुराग रखना

연습문제 III 정답

1 ③ 2 ⑥ 3 ① 4 ⑦ 5 ② 6 ④ 7 ⑩ 8 ⑤ 9 ⑧ 10 ⑨

11 चढ़ूँगा 12 चलेगा 13 चाहते थे 14 छूते हैं 15 चुरा रही हैं

16 चुनकर 17 चमकता है 18 छोड़ दिया है 19 जम गया 20 छूटती है

21 जम गई है 22 छुआ 23 चलती 24 छूट रही थी 25 चढ़ता है

26 चुनती है 27 छोड़ दिया है 28 चाह रहा था 29 चमकती है 30 चुराते थे

31 ① 32 ③ 33 ④ 34 ① 35 ③ 36 ① 37 ④ 38 ④ 39 ④ 40 ②

41 ④ 42 ③ 43 ① 44 ② 45 ③ 46 ④ 47 ① 48 ② 49 ④ 50 ②

31-40과

जागना - तोड़ना

जागना

31

산스끄리뜨어의 जागृ '깨다'에서 유래한 동사로서 '(잠에서) 깨다'의 의미를 일차적으로 갖는다. 더불어 '자각하다', '(신령이) 깨어나다', '밝게 빛나다' 등의 의미를 표현한다.

1. सोकर उठना, नींद का त्याग करना (잠에서) 깨다, 깨어나다

- पिता जी, आप कब जागे?

  아버지, 언제 깨셨어요?

- मैं रोज़ सुबह चार बजे जागता हूँ।

  나는 매일 아침 네 시에 깬다.

- धीरे बोलो। बच्चा जाग जाएगा।

  살살 얘기해요. 아이가 깨겠어요.

2. सजग होना, सचेत रहना 자각하다, 정신 차리다

- दलित समाज अब जाग गया है।

  달리뜨 사회가 이제 자각했다.

- हमें अपने उद्देश्य के प्रति हमेशा जागते रहना चाहिए।

  우리는 자신의 목적에 대해 항상 자각하고 있어야 한다.

- तुम आख़िरकार कब जागोगे?

네가 결국은 언제 정신 차릴래?

3. देवी-देवताओं का प्रभाव दिखलाना (신령이) 깨어나다

- देवी जाग गई है।

여신이 깨어났다.

- माता रानी रात को बारह बजे जागेगी।

마따 라니 여신은 밤 열두 시에 깨어날 것이다.

- मैंने उसके अंदर देवता को जागते हुए देखा।

나는 그의 내면에서 신이 깨어나는 것을 보았다.

4. आग या प्रकाश का तीव्र होना 강하게 타다, 밝게 빛나다

- देखो, आग जाग रही है।

봐봐, 불이 잘 타고 있다.

- सूर्य जाग रहा था।

태양이 작열하고 있었다.

- यहाँ तारे कब जागते हैं?

여기에서 별들이 언제 총총해요?

जानना

32

산스끄리뜨어의 ज्ञा '알다'에서 유래한 동사로서 '(정보를) 알다'의 의미를 일차적으로 갖는다. 더불어 '낯익다', '(~할 능력이) 있다', '믿다', '이해하다' 등의 의미를 표현한다.

1. किसी वस्तु या व्यक्ति के संबंध में बोध प्राप्त करना (정보를) 알다

- मैं उसका पता नहीं जानता।

  나는 그의 주소를 모른다.

- क्या आप जानते हैं कि मैं डॉक्टर हूँ?

  당신은 내가 의사인 것을 압니까?

- कोरिया में लोग आमीर खान को जानते हैं।

  한국에서 사람들이 아미르 칸을 안다.

2. परिचित होना 낯익다, 안면이 있다

- मैं कुलपति महोदय को जानता हूँ।

  나는 총장님이 안면이 있다.

- वह यहाँ किसी को नहीं जानता।

  그는 여기 어느 누구도 안면이 없다.

• तुम कुछ ही दिनों में यहाँ सबको जान जाओगे?
너는 며칠 안에 여기 모든 사람이 낯이 익게 될 것이다.

3. किसी काम को करने में समर्थ होना (~할 줄) 알다, (~할 능력이) 있다

• वह तैरना जानती थी।
그녀는 수영하는 것을 알았었다.

• मैं तबला बजाना जानता हूँ।
나는 따블라(타악기)를 연주할 줄 안다.

• मेरी माता जी गाड़ी चलाना जानती हैं।
나의 어머니는 차를 운전할 줄 아신다.

4. मानना, विश्वास करना (사실이나 상태를) 믿다

• देश के लोग जानते थे कि गांधी जी ईमानदार हैं।
국민들은 간디가 정직하다고 믿었었다.

• एक दिन तुम जान जाओगे कि मैं ठीक था।
어느 날 너는 내가 옳았다는 것을 믿게 될 것이다.

• मैं अच्छी तरह से जानता हूँ कि तुम ऐसी बात नहीं कर सकते।
나는 네가 이러한 말을 할 수 없다는 것을 더없이 믿는다.

5. अनुभव करना, समझना 이해하다

• आप मेरी मजबूरी को जानते हैं।
당신은 제가 어쩔 수 없음을 이해하십니다.

- मुझे आप अपना भाई जानिए।

  당신은 저를 동생으로 이해해주세요.

- धार्मिक आदमी दूसरों की परेशानी को जानता है।

  종교적인 사람은 다른 사람들의 근심을 이해한다.

जाना

33

산스끄리뜨어의 **या** '가다'에서 유래한 동사로서 '가다'의 의미를 일차적으로 갖는다. 더불어 '망가지다', '사라지다', '(몸에서 피 등이) 나오다', '(어떤 곳에) 이르다', '퍼지다' 등의 의미를 표현한다. 또한 의미조동사로 쓰여 일이나 동작이 마무리되었음을 나타내며 문맥에 따라서는 자연스럽게 또는 능숙하게 수행됨을 나타내기도 한다.

1. एक जगह से दूसरी जगह के लिए प्रस्थान करना 가다

- आप रोज़ सुबह कहाँ जाते हैं?
  당신은 매일 아침 어디에 갑니까?
- चाचा जी कल अमेरिका जा रहे हैं।
  삼촌은 내일 미국에 가신다.
- मैं पिछले वर्ष दक्षिण कोरिया गया था।
  내가 작년에 한국에 갔었다.

2. बिगड़ना 망가지다, 나빠지다

- इससे हमारा कुछ नहीं जाता है।
  이것으로 우리의 어떤 것도 망가지지 않는다.
- इन दिनों पिता जी का स्वास्थ्य धीरे-धीरे जा रहा है।
  요즘 아버지의 건강이 천천히 나빠지고 있다.

- दुष्ट लोगों की संगति करने से हमारा बहुत कुछ जाता है।
  나쁜 사람들과 어울리면 우리의 많은 것이 망가진다.

3. नष्ट होना 사라지다, 파괴되다

- दुर्घटना में लड़के के कई दाँत गए।
  사고로 남자애의 이가 여러 개가 나갔다.
- बीमारी से उसकी आँखों की रोशनी गई।
  병으로 그의 눈의 총기가 사라졌다.
- दुर्भाग्य देखो, उसका घर-परिवार, धन-दौलत, मान-सम्मान सब कुछ गया।
  불행을 보아라, 그의 가정이, 재물이, 명예 모든 것이 사라졌다.

4. निकलना, बहना 나오다, 흐르다

- बच्चे की नाक से ख़ून जा रहा है।
  아이의 코에서 피가 나고 있다.
- डॉक्टर साहब, मेरी आँखों से पानी जाता है।
  의사 선생님, 내 눈에서 눈물이 나와요
- सुबह फोड़े से बहुत-सारा मवाद गया, डॉक्टर साहब!
  아침에 종기에서 아주 많은 고름이 나왔어요, 선생님!

5. विस्तृत होना, फैलना 닿다, 퍼지다

- यह सड़क हरिद्वार तक जाती है।
  이 길은 하리드와르까지 닿는다.

- तुम्हारी निगाह वहाँ तक गई?

너의 눈길이 거기까지 닿았니?

- उस विद्वान की ख्याति सब जगह गई।

그 학자의 명성이 모든 곳에 퍼졌다.

6. (सहायक क्रिया) किसी क्रिया का पूर्ण होना या समाप्ति तक पहुँचना, शीघ्रता, सहजता अथवा कौशल के साथ किसी क्रिया का संपन्न होना

(의미조동사로 쓰여) 일이나 동작이 마무리되었음을 나타내며 또한 빠르게 자연스럽게 또는 능숙하게 수행됨을 나타내기도 한다.

- कुत्ता मर गया।

개가 죽어버렸다.

- वे खाना खा गए।

그가 음식을 먹어버렸다.

- मैं समझ गया।

내가 (다) 이해했어요.

- आप भी कभी-कभी बहुत कुछ कह जाते हैं।

당신도 가끔은 말을 참 잘한다.

- तुम भी कभी-कभी दूसरों के मन को पढ़ जाते हो!

너도 가끔은 다른 이의 마음을 잘 읽는구나!

जोड़ना

34

산스끄리뜨어의 जुड् '묶다'에서 유래한 동사로서 '결합하다'의 의미를 일차적으로 갖는다. 더불어 '잇다', '더하다', '가미하다', '(관계를) 맺다', '모으다', '마련하다' 등의 의미를 표현한다.

1. एक साथ लाना, क़रीब लाना 결합하다, 연결하다, 잇다

- बहुत अच्छा हुआ, पंचायत ने पति-पत्नी को एक बार फिर से जोड़ दिया।
  잘 되었다, 빤짜야뜨(주민자치기구)가 남편과 아내를 다시 결합시켜 주었다.
- रेलवे ने दो शहरों को जोड़ दिया।
  철도가 두 도시를 연결해 주었다.
- इस शादी ने दोनों परिवारों को जोड़ दिया है।
  이 결혼은 두 가족을 이어 주었다.

2. संख्याओं का योगफल जमा करना 더하다

- बेटा, दो और तीन जोड़कर बताओ।
  아들아, 2와 3을 더해서 말해봐라.
- तीन और चार को जोड़ने पर सात होते हैं।
  3과 4를 더하면 7이 된다.

- मैं गणित में बहुत कमज़ोर था, मैं जोड़ना और घटाना भी नहीं जानता था।
  나는 산수에 아주 약했다, 나는 더하기와 빼기도 몰랐었다.

3. मिला देना 섞다, 가미하다

- रिपोर्टर लोग कई बार अपनी ओर से भी कुछ जोड़ देते हैं।
  기자들은 종종 자기 나름대로도 무언가를 가미한다.
- जो बात हुई है वही बताओ, अपनी ओर से कुछ जोड़ो मत!
  일어난 일을 그대로 말해라, 네 쪽에서 무언가를 섞지 마라!
- कथाकार लोग अकसर मूलकथा में अन्य बातें भी जोड़ देते हैं।
  이야기꾼들은 보통 원작에 다른 이야기들도 섞는다.

4. स्थापित करना 맺다

- मैंने उसके साथ मित्रता जोड़ी।
  나는 그와 친구 관계를 맺었다.
- सबके साथ नाता नहीं जोड़ना चाहिए।
  모두와 관계를 안 맺어야 한다.
- पूर्व समय में कम उम्र में ही विवाह-संबंध जोड़ दिया जाता था।
  예전에 적은 나이에 결혼 관계가 맺어졌었다.

5. एकत्रित करना 모으다

- वे मंदिर के लिए मूर्तियाँ जोड़ रहे हैं।
  그들은 사원을 위해서 신상들을 모으고 있다.

- प्रधानाचार्य पुस्तकालय के लिए किताबें जोड़ रहे हैं।
  학장이 도서관을 위해서 서적들을 모으고 계신다.
- कल नेता जी का भाषण है, पार्टी के कार्यकर्ता श्रोताओं को जोड़ने में लगे हैं।
  내일 지도자의 연설이 있을 것이다, 당의 운동원들이 청중을 모으는 데에 열중해 있다.

6. व्यवस्था करना 마련하다, 준비하다

- बेटी की शादी है, पैसा जोड़ रहा हूँ।
  딸의 결혼이다, 돈을 마련하고 있다.
- मैं अपने निर्णय के पक्ष में समर्थन जोड़ रहा हूँ।
  나는 내 결정을 이루기 위한 지지 세력을 준비하고 있다.
- मैं रसोई बनाने के लिए आग जोड़ रहा हूँ।
  나는 요리하기 위해서 불을 준비하고 있다.

झूलना

35

산스끄리어의 **दुल्** '흔들리다', 쁘라끄리띠어의 **झुल्ल** '흔들리다'에서 유래한 동사로서 '흔들리다'의 의미를 일차적으로 갖는다. 더불어 '너풀거리다', '(그네를) 타다', '드나들다' 등의 의미를 표현한다.

1. किसी सहारे पर लटकी हुई चीज़ का इधर-उधर लहरना
흔들리다, 너풀거리다

- दीवार पर पर्दे झूल रहे थे।
  벽에 커튼이 흔들리고 있다.
- देखो, आँगन में कपड़े झूल रहे हैं।
  봐라, 앞뜰에 옷들이 너풀거리고 있다.
- उस मौसम में पेड़ों पर आम झूलते हैं।
  그 계절에 나무에서 망고가 흔들거린다.

2. झूले पर बैठकर पेंग लेना (그네를) 타다, 뛰다

- आओ, झूला झूलोगे?
  와라, 그네를 탈래?
- लड़कियाँ झूला झूल रही हैं।
  소녀들이 그네를 뛰고 있다.

- छुट्टियों में हम यहाँ झूला झूलते थे।
  방학에 우리는 여기에서 그네를 탔었다.

3. **कुछ पाने की इच्छा से कहीं बार-बार आना-जाना** (어떤 목적을 위해) 드나들다, 들락거리다

- तुम क्यों नेताओं के यहाँ झूलते रहते हो?
  너는 왜 지도자들의 집에 들락거리니?
- मैं बहुत दिनों तक दफ़्तरों में झूला।
  나는 여러 날 동안 사무실에 드나들었다.
- वह किस लिए इधर-उधर झूल रहा है?
  그는 무엇을 위해 여기저기 드나들고 있니?

ठहरना

36

산스끄리뜨어의 स्थैर्य '고정/부동'에서 유래한 동사로서 '(이동하지 않고) 서다'의 의미를 일차적으로 갖는다. 더불어 '머무르다', '(특정한 신분이나 상태로) 있다', '멈추다', '의존하다', '(몸의 상태가) 안정되다' 등의 의미를 표현한다.

1. खड़े रहना 서다

- वहाँ गाड़ी नहीं ठहरेगी।

  거기에 차가 서지 않을 것이다.

- पहले बस यहाँ पर ठहरती थी।

  예전에 버스가 여기에 섰었다.

- शताब्दी ट्रेन कानपुर स्टेशन पर ठहरती है।

  샤따브디 열차는 깐뿌르역에 선다.

2. टिकना, कुछ समय के लिए रहना 머무르다, 묵다

- कुछ समय हमारे यहाँ ठहरिएगा।

  얼마 동안 우리 집에 머무십시오.

- वहाँ मैं अपने मित्र के घर पर ठहरूँगा।

  거기에서 내가 내 친구 집에 묵을 것이다.

- प्रधानमंत्री विश्राम के लिए कुछ घंटे राजभवन में ठहरेंगे।
  총리가 휴식을 위해 몇 시간 동안 궁에 머물 것이다.

4. विशेष स्थिति में होना (ज़ोर देकर कहने में)
(특정한 신분이나 상태임을 강조하여) ~으로 있다

- वे तो रईस ठहरे।
  그분은 귀족으로 있었다.
- मैं ठहरा अनपढ़।
  나는 까막눈으로 있었다.
- तुम तो ठहरे परदेशी।
  너는 외국인으로 있었다.

5. क्रिया का समाप्त होना, थम जाना 멎다, 멈추다, 그치다

- अब बुख़ार ठहर गया है।
  이제 열이 멎었다.
- जब बारिश ठहरेगी तभी निकलेंगे अब तो।
  비가 그치면 나가자 이젠.
- अब प्रगति की यह रफ़्तार ठहरेगी नहीं।
  이제 발전의 이 속도가 멈추지 않을 것이다.

6. अवलंबित होना, आधारित होना 의존하다, 의지하다, ~에 달려 있다

- घर की छत उसके दीवारों पर ठहरती है।
  집의 지붕은 집의 벽들에 의지한다.

- मेरी सारी कामयाबी आपकी मेहरबानी पर ठहरी है।

  나의 모든 성공은 당신의 호의 덕분이다.

- मेरा सारा व्यापार मेरे छोटे भाई के कंधों पर ठहरा है।

  나의 모든 사업은 내 동생의 어깨에 달려 있다.

7. बीमारी का कुछ शांत होना (병이) 호전되다, 안정되다

- दो दिन में ज्वर ठहरेगा।

  이틀이면 열이 멈출 것이다.

- पिता जी की तबीयत अब ठहर रही है।

  아버지의 건강 상태가 이제 안정되고 있다.

- पता नहीं यह सिरदर्द कब जाकर ठहरेगा?

  두통이 언제나 되어야 가라앉을지 모르겠다.

डालना

37

빠라끄리뜨어의 **ढाल** '아래로 떨어트리다'에서 유래한 동사로서 '넣다'의 일차적 의미를 갖는다. 더불어 '건네주다', '(보관 등을 위해) 담다', '(책임을) 맡기다', '(몸에) 걸치다' 등의 의미를 표현한다.

1. ऊपर से नीचे गिराना 넣다, 붓다, 쏟다, 던지다

- मेरी चाय में चीनी मत डालिए।
  나의 차에 설탕을 넣지 마세요.
- दूध वाले कई बार दूध में पानी डालते हैं।
  우유 장수가 종종 우유에 물을 넣는다.
- उसने गिलास में थोड़ी शराब और डाली।
  그는 유리잔에 술을 약간 더 부었다.

2. सौंपना या देना (주거나 건네려고) 앞에 놓거나 내려놓다

- कुत्ते को रोटी डालो!
  개에게 빵을 던져 주어라!
- डाकू ने पुलिस के आगे हथियार डाले।
  도둑이 경찰 앞에 무기를 내려놓았다.

• पिता जी गायों को घास डाल रहे हैं।

아버지께서 암소들에게 풀을 주고 계신다.

3. सुरक्षा आदि के उद्देश्य से अंदर रखना (보관 등의 목적으로) 담다, 넣다

• किसान बोरी में गेहूँ डालता है।

농부가 포대에 밀을 담는다.

• माँ सर्दियों के कपड़े संदूक में डाल रही हैं।

엄마가 겨울옷을 상자에 담고 계신다.

• सरकार ने कई विरोधी नेता जेल में डाले।

정부가 여러 반대파 지도자들을 감옥에 넣었다.

4. कोई काम किसी के ज़िम्मे कर देना (책임을) 맡기다, 지우다

• गुरु जी ने यह काम मेरे ऊपर डाल दिया है।

스승이 이 일을 나에게 맡기셨다.

• तुम हमेशा अपना काम दूसरों पर डालते हो।

너는 항상 너의 일을 다른 이에게 맡긴다.

• प्रधानाचार्य महोदय संस्कृत पढ़ाने का दायित्व किस पर डालेंगे?

학장이 산스끄리뜨어를 가르치는 책임을 누구에게 지우실 것인가?

5. पहनना 걸치다, 신다, 걸다

• उसने कपड़े डाले और चल दिया।

그가 옷을 걸쳤다 그리고 떠났다.

- तुम जल्दी जूते डालो और मेरे साथ चलो।
  빨리 신발을 신어라 그리고 나와 함께 가자.
- वधू वर के गले में माला डालेगी।
  신부가 신랑의 목에 목걸이를 걸어줄 것이다.

डूबना

38

힌디어의 명사 **डूब** '잠수'에서 파생한 동사로서 '(물에) 잠기다'의 의미를 일차적으로 갖는다. 더불어 '몰두하다', '(해가) 지다', '(사업이) 침몰하다', '(실의에) 빠지다' 등의 의미를 표현한다.

1. जल में सर्वांग निमग्न होना 잠기다

- **लकड़ी पानी में नहीं डूबती।**

  막대기는 물에 잠기지 않는다.

- **इस बाढ़ में मेरे सारे खेत डूब गए।**

  이 홍수로 나의 모든 밭이 잠겨 버렸다.

- **बहुत बारिश हुई। सारा शहर पानी में डूब गया।**

  비가 매우 많이 왔다. 도시 전체가 물에 잠겨 버렸다.

2. किसी भाव में लीन होना 몰두하다, 열중하다

- **मैं तब अपनी प्रेमिका के प्रेम में डूबा था।**

  나는 그때 내 애인 사랑에 빠졌었다.

- **लोग मंदिर में जाकर ईश्वर-भक्ति में डूब जाते हैं।**

  사람들은 사원에 가서 신에 대한 예배에 열중한다.

• न जाने तुम आजकल किन ख़्यालों में डूबे रहते हो?

너는 도대체 요즘 무슨 생각에 몰두해 있는 거니?

3. अस्त होना, समाप्ति की ओर जाना 지다, 침몰하다

• दिन डूब रहा है, घर चलो!

해가 지고 있다, 집에 가라!

• यह सूरज डूबेगा नहीं!

이 태양은 지지 않을 것이다!

• उसका व्यापार डूब गया।

그의 사업이 침몰했다.

4. निराशा व्याप्त हो जाना (실의에) 빠지다, 낙담하다

• मेरा दिल डूब रहा है।

내가 낙담하고 있다.

• राम के बारे में सोच कर सीता का हृदय डूब गया।

람에 대해 생각하고서 시따는 실의에 빠져 버렸다.

• तुम्हारा मन बार-बार इस तरह क्यों डूबता है?

너는 자꾸만 왜 이처럼 낙담하는가?

ढूँढ़ना

39

산스끄리뜨어의 ढुण्ढ् '찾다'에서 유래한 동사로서 '(없는 것을) 찾다'의 의미를 일차적으로 갖는다. 더불어 '(모르는 것을 알아내려고) 찾다'의 의미도 표현한다.

1. किसी वस्तु या व्यक्ति का अन्वेषण करना

(현재 주변에 없는 것을) 찾다, 구하다

- मैं अपनी घड़ी ढूँढ़ रहा हूँ।

  내가 내 시계를 찾고 있다.

- तुम वहाँ किसे ढूँढ़ रहे थे?

  너는 거기에서 누구를 찾고 있었니?

- पढ़ाई ख़त्म करने के बाद हम यहाँ कोरिया में ही नौकरी ढूँढ़ेंगे।

  학업이 끝난 후에 우리는 여기 한국에서 직업을 구할 것이다.

2. किसी नई चीज़ या अवस्था को पाने की कोशिश करना

(모르는 것을 알아내려고) 찾다

- मैं भारतीय रेस्टोरेंट ढूँढ़ रहा हूँ।

  내가 인도 식당을 찾고 있다.

- तुम किसी वकील को ढूँढ़ रहे थे?

  너는 누군가 변호사를 찾고 있었니?

- अध्यात्म का मतलब ख़ुद को ढूँढ़ना है।

  명상의 뜻은 자신을 찾는 것이다.

तोड़ना

40

산스끄리뜨어의 तुड् '치다/쪼개다'에서 유래한 동사로서 '깨트리다'의 의미를 일차적으로 갖는다. 더불어 '부수다', '(꽃 등을) 꺾다', '(과일 등을) 따다', '(다짐 등을) 지키지 않다', '약화시키다', '단절하다', '(잔돈으로) 바꾸다' 등의 의미를 표현한다.

1. किसी वस्तु पर आघात करके उसको टुकड़ों में बाँट देना
(물건 등을) 깨다, 깨트리다, 부수다

- मज़दूर पत्थर तोड़ रहे हैं।
  일꾼들이 돌을 깨고 있다.
- बच्चे बरतन तोड़ेंगे।
  아이들이 그릇을 깨뜨릴 것이다.
- क्या तुमने यह कुर्सी तोड़ी है?
  네가 이 의자를 부쉈니?

2. किसी वस्तु के अवयव को नोचकर, काटकर या अन्य किसी प्रकार से अलग करना 꺾다, 따다, 뜯다

- बहन बग़ीचे में फूल तोड़ रही है।
  누이가 정원에서 꽃을 꺾고 있다.

- भैया पेड़ से आम तोड़ेगा।

  오빠가 나무에서 망고를 딸 것이다.

- मैं तुम्हारे लिए चाँद तोड़कर लाऊँगा।

  내가 너를 위해 달을 따 올 것이다.

3. पालन न करना, जारी न रखना (약속 등을) 깨다, 이행하지 않다

- माता जी ने बीमारी के कारण अपना व्रत तोड़ा।

  어머니가 병환으로 자신의 금식 맹세를 깼다.

- मैं अपना वादा कभी नहीं तोड़ूँगा।

  나는 자신의 약속을 결코 깨지 않을 것이다.

- भीष्म ने प्रतिज्ञा कभी नहीं तोड़ी।

  비슈마는 맹세를 결코 깨지 않았다.

4. दुर्बल कर देना, कमज़ोर कर देना 약화시키다, 무력하게 하다

- दमा उसके शरीर को तोड़ रहा है।

  천식이 그의 몸을 약화시키고 있다.

- इस हार ने उसका घमंड तोड़ दिया है।

  이 패배가 그의 자만심을 깨버렸다.

- गन्ने के गिरे भाव ने किसानों को तोड़ दिया था।

  사탕수수의 폭락한 가격은 농부들을 무력하게 했다.

5. समाप्त कर देना (관계 등을) 끊다, 단절하다

- हमने उससे नाता तोड़ दिया।
  우리가 그와의 관계를 끊었다.
- मैं उसके साथ दोस्ती तोड़ूँगा।
  나는 그와의 교우관계를 단절할 것이다.
- वह अपने परिवार के साथ संबंध तोड़कर सन्यासी बन गया।
  그는 자기 가족과의 인연을 끊고 출가자가 되었다.

6. बड़े सिक्कों को छोटे सिक्कों में बदलना 잔돈으로 바꾸다

- ये सिक्के कहाँ तोड़े आपने?
  이 잔돈은 어디에서 바꾸셨어요?
- कृपया ये पैसे तोड़ दीजिए।
  잔돈으로 좀 바꿔주세요.
- वह बैंक में हज़ार रुपए तोड़ता है।
  그가 은행에서 천 루피를 잔돈으로 바꾼다.

연습문제 IV

☑ [1-10] 주어진 힌디어의 올바른 뜻을 고르시오.

1. जागना	① 가다
2. जानना	② 깨다
3. जाना	③ 찾다
4. जोड़ना	④ 잠기다
5. झूलना	⑤ 서다
6. ठहरना	⑥ 흔들리다
7. डालना	⑦ 결합하다
8. डूबना	⑧ 넣다
9. ढूँढ़ना	⑨ 깨트리다
10. तोड़ना	⑩ 알다

☑ [11-30] 괄호 안에 적합한 것을 고르시오.

11. मैं पिछले वर्ष दक्षिण कोरिया (झूला था, गया था)।

12. रेलवे ने दो शहरों को (डाल दिया, जोड़ दिया)।

13. देखो, आँगन में कपड़े (झूल रहे हैं, जा रहे हैं)।

14. कुछ समय हमारे यहाँ (ठहरिएगा, डूबिएगा)।

15. मेरी चाय में चीनी मत (ढूँढ़िए, डालिए)।

16. मैंने उसके अंदर देवता को (झूलते हुए, जागते हुए) देखा।

17. बहुत बारिश हुई। सारा शहर पानी में (डूब गया, ठहर गया)।

18. मैं भारतीय रेस्टोरेंट (जोड़ रहा हूँ, ढूँढ़ रहा हूँ)।

19. मैं तुम्हारे लिए चाँद (तोड़कर, डालकर) लाऊँगा।

20. गन्ने के गिरे भाव ने किसानों को (तोड़ दिया था, ढूँढ़ दिया था)।

21. धीरे बोलो। बच्चा (ठहर जाएगा, जाग जाएगा)।

22. मैं उसका पता नहीं (जानता, तोड़ता)।

23. बीमारी से उसकी आँखों की रोशनी (गई, जागी)।

24. कथाकार लोग अकसर मूलकथा में अन्य बातें भी (जान देते हैं, जोड़ देते हैं)।

25. तुम क्यों नेताओं के यहाँ (डूबते रहते हो, झूलते रहते हो)?

26. शताब्दी ट्रेन कानपुर स्टेशन पर (जागती है, ठहरती है)।

27. राम के बारे में सोच कर सीता का हृदय (जान गया, डूब गया)।

28. अध्यात्म का मतलब ख़ुद को (ढूँढ़ना है, जाना है)।

29. गुरु जी ने यह काम मेरे ऊपर (डाल दिया है, तोड़ दिया है)।

30. धार्मिक आदमी दूसरों की परेशानी को (जोड़ता है, जानता है)।

☑ [31-50] 밑줄 친 단어의 동의어를 고르시오.

31. हमें अपने उद्देश्य के प्रति हमेशा जागते रहना चाहिए।

① प्रस्थान करना ② बिगड़ना
③ सचेत रहना ④ नष्ट होना

32. मैं कुलपति महोदय को जानता हूँ।

① टुकड़ों में बाँट देना ② परिचित होना
③ काट कर अलग करना ④ जारी न रखना

33. कल नेता जी का भाषण है, पार्टी कार्यकर्ता श्रोताओं को जोड़ने में लगे हैं।

① एकत्रित करना ② बोध प्राप्त होना
③ परिचित होना ④ समर्थ होना

34. लड़कियाँ झूला झूल रही हैं।

① निकलना ② पेंग लेना
③ बहना ④ फैलना

35. जब बारिश ठहरेगी तभी निकलेंगे अब तो।

① नींद का त्याग करना ② सचेत रहना

③ आग का तीव्र होना ④ थम जाना

36. डाकू ने पुलिस के आगे हथियार डाले।

① सौंपना ② मानना

③ विश्वास करना ④ समझना

37. दिन डूब रहा है, घर चलो!

① अस्त होना ② प्रकाश का तीव्र होना

③ सजग होना ④ सोकर उठना

38. यह सड़क हरिद्वार तक जाती है।

① पेंग लेना ② लटककर इधर-उधर लहरना

③ बार-बार आना-जाना ④ विस्तृत होना

39. देश के लोग जानते थे कि गांधी जी ईमानदार हैं।

① दुर्बल कर देना ② विश्वास करना

③ समाप्त कर देना ④ पालन न करना

40. माता जी बीमारी के कारण अपना व्रत तोड़ रही हैं।

① एकत्रित करना ② व्यवस्था करना

③ पालन न करना ④ स्थापित करना

41. सूर्य जाग रहा था।

① खड़े होना ② विशेष स्थिति में होना
③ अवलंबित होना ④ प्रकाश का तीव्र होना

42. मेरी माता जी गाड़ी चलाना जानती हैं।

① समर्थ होना ② क़रीब लाना
③ इंतज़ाम करना ④ मिला देना

43. पढ़ाई ख़त्म करने के बाद हम यहाँ कोरिया में ही नौकरी ढूँढ़ेंगे।

① एक साथ लाना ② जमा करना
③ अन्वेषण करना ④ इंतज़ाम करना

44. दीवार पर पर्दे झूल रहे थे।

① लटककर इधर-उधर लहरना ② बीमारी का शांत होना
③ आधारित होना ④ खड़े होना

45. पूर्व समय में कम उम्र में ही विवाह-संबंध जोड़ दिया जाता था।

① नीचे गिराना ② स्थापित करना
③ अंदर रखना ④ पहनना

46. दुष्ट लोगों की संगति करने से हमारा बहुत कुछ जाता है।

① फैलना ② प्रस्थान करना
③ बिगड़ना ④ निकलना

47. घर की छत उसके दीवारों पर <u>ठहरती है</u>।

① खड़े रहना ② टिकना
③ समाप्त होना ④ आधारित होना

48. तुम जल्दी जूते <u>डालो</u> और मेरे साथ चलो।

① नीचे गिराना ② ज़िम्मे कर देना
③ पहनना ④ देना

49. मैं तब अपनी प्रेमिका के प्रेम में <u>डूबा था</u>।

① किसी भाव में लीन होना ② अस्त होना
③ जल में निमग्न होना ④ निराशा व्याप्त होना

50. वह अपने परिवार के साथ संबंध <u>तोड़कर</u> सन्यासी बन गया।

① छोटे सिक्कों में बदलना ② समाप्त कर देना
③ कमज़ोर कर देना ④ टुकड़ों में बाँट देना

연습문제 IV 정답

1 ② 2 ⑩ 3 ① 4 ⑦ 5 ⑥ 6 ⑤ 7 ⑧ 8 ④ 9 ③ 10 ⑨

11 गया था 12 जोड़ दिया 13 झूल रहे हैं 14 ठहरिएगा 15 डालिए
16 जागते हुए 17 डूब गया 18 ढूँढ़ रहा हूँ 19 तोड़कर 20 तोड़ दिया था
21 जाग जाएगा 22 जानता 23 गई 24 जोड़ देते हैं 25 झूलते रहते हो
26 ठहरती है 27 डूब गया 28 ढूँढ़ना है 29 डाल दिया है 30 जानता है

31 ③ 32 ② 33 ① 34 ② 35 ④ 36 ① 37 ① 38 ④ 39 ② 40 ③

41 ④ 42 ① 43 ③ 44 ① 45 ② 46 ③ 47 ④ 48 ③ 49 ① 50 ②

41-50과

थकना - पड़ना

41 थकना

42 देखना

43 देना

44 दौड़ना

45 नहाना

46 नाचना

47 निकलना

48 पकड़ना

49 पकना

50 पड़ना

연습문제 V

थकना

41

산스끄리뜨어의 [स्थ '선/머문' + कृ '하다'], 쁘라끄리뜨어의 थक्क '지치다'에서 유래한 동사로서 '지치다'의 의미를 일차적으로 갖는다. 더불어 '짜증 나다', '노쇠하다'의 의미를 표현한다.

1. श्रम के कारण अंगों का शिथिल हो जाना 피곤해지다, 지치다

- ज़्यादा मत थको।

  너무 지치지 마라.

- मैं बहुत जल्दी थक जाता हूँ आजकल।

  내가 매우 빨리 지친다 요즘.

- माँ काम करते-करते थक गई हैं।

  엄마가 일을 하다가 피곤해졌다.

2. तंग आना 짜증 나다

- तुम्हारे व्यवहार से मैं कई बार बहुत थक जाता हूँ।

  너의 행동으로 내가 이따금 매우 짜증 난다.

- उसके पिता उसे समझाते-समझाते थक गए हैं।

  그의 아버지가 그를 타이르다가 짜증 났다.

- वह अपनी प्रेमिका को मनाते-मनाते थक गया।

  그가 자기 애인을 설득하다가 짜증 났다.

3. अधिक उम्र के कारण अशक्त हो जाना 노쇠하다

- राजा थक गए थे।

  왕이 노쇠해졌다.

- दादा जी अब बहुत थक गए हैं।

  할아버지가 이제 매우 노쇠해지셨다.

- अधिक उम्र के कारण एक दिन हम सब भी थक जाएँगे।

  나이를 많이 먹음으로써 언젠가 우리 모두도 노쇠해질 것이다.

देखना

42

산스끄리뜨어의 어근 दृश् '보다'의 한 어간 형태인 द्रक्-에서 유래한 동사로서 '(눈으로) 보다'의 의미를 일차적으로 갖는다. 더불어 '감지하다', '찾다', '읽다', '검사하다', '검토하다', '도전하다', '돌보다' 등의 의미를 표현한다.

1. आँखों के द्वारा किसी वस्तु या व्यक्ति के बारे में जानकारी प्राप्त करना, अवलोकन करना (눈으로) 보다

- मैं ताजमहल देख रहा हूँ।
  나는 따즈마할을 보고 있다.
- देखना, मेरे बाल सफ़ेद हो रहे हैं, क्या?
  봐봐, 내 머리카락이 하얘지고 있지?
- बच्चे आज राष्ट्रपति-भवन देखेंगे।
  아이들이 오늘 대통령궁을 볼 것이다.

2. अनुभव करना, समझना 감지하다, (경험하여) 알다

- देखिए, पैसा ही सब कुछ नहीं है।
  아세요, 돈만이 전부가 아니라는 걸.
- हम देखते हैं कि तुम कितने ईमानदार हो।
  우리는 네가 얼마나 성실한지 안다.

• आपने देखा होगा कि यह बच्चा बहुत बलवान है।

당신은 이 아이가 힘이 세다는 것을 알 것입니다.

3. खोजना, तलाशना 찾다, 탐색하다

• मैं देख रहा हूँ कि मेरे जूते किधर हैं!

내 신발이 어디 있는지 내가 찾고 있다.

• मैं देख रहा था, पिताजी कहाँ चले गए?

아버지가 어디 가셨는지 내가 찾고 있었다.

• यहाँ भीड़ में तुम्हारी आँखें किसे देख रही हैं?

여기 군중들 중에서 네 눈은 누구를 찾고 있니?

4. पढ़ना 읽다

• मैं इस लेख को देखूँगा।

나는 이 글을 읽을 것이다.

• आपने आज का अख़बार देखा?

당신은 오늘 신문을 읽었습니까?

• छात्रो, आप सब इस अध्याय को देखकर आना।

학생들, 여러분 모두 이 장을 읽고 오세요.

5. परीक्षा करना, निरीक्षण करना 검사하다, 검토하다

• डॉक्टर मरीज़ को देख रहे हैं।

의사가 환자를 검사하고 있다.

- अध्यापक परीक्षा की कॉपियाँ देख रहे थे।
  선생님이 시험지를 검사하고 계셨다.
- अध्यापक आजकल कॉपियाँ देख रहे हैं।
  선생님께서 요즘 원고를 검토하고 계신다.

6. प्रतिद्वंद्वी को जवाब देने में समर्थ होना 맞상대하다

- मैं तुम्हें देखता हूँ।
  내가 너를 상대하겠다.
- हम भी देखते हैं उसमें कितना दम है।
  우리도 맞상대한다 그에게 얼마나 기운이 있는지.
- क्या कहा, देख लोगे? क्या करोगे तुम मेरा?
  뭐라고 말했니, 맞상대하겠다고? 뭘 하겠니 네가 나를 상대로?

7. ध्यान रखना 보살피다, 돌보다

- देखना, बच्चा इधर-उधर न हो जाए!
  보살펴요, 아이가 이리저리 가지 않도록!
- कृपया हमारे पीछे यह मकान देखते रहिएगा!
  좀 우리가 비울 때 이 집을 돌봐주세요!
- दादा जी बीमार हैं, मुझे उन्हें देखना पड़ता है।
  할아버지께서 편찮으시다, 나는 그분을 보살펴야 한다.

देना

43

산스끄리뜨어의 **दा** '주다'에서 유래한 동사로 '주다'의 의미를 일차적으로 갖는다. 더불어 '(충격 등을) 가하다', '바치다', '(문을) 닫다', '(단추를) 잠그다', '착용하다' 등의 의미를 표현한다. 또한 의미조동사로서 쓰여 행위의 결과가 행위자가 아닌 남에게나 밖으로 향함을 나타낸다. -**ने** 부정사 뒤에 조동사로 쓰인 경우에는 허락을 나타낸다.

1. सुपुर्द करना, हवाले करना 주다, 양도하다

- माँ बेटे को पैसा देती हैं।

  엄마가 아들에게 돈을 준다.

- मैं तुम्हें पुस्तक दूँगा।

  내가 너에게 책을 주겠다.

- आपने मुझे घड़ी दी।

  당신은 내게 시계를 주었다.

2. जड़ना, मारना, कष्टपूर्ण अनुभव कराना (타격, 고통 등을) 가하다, 치다

- मैं तुझे अभी एक थप्पड़ दूँगा।

  내가 너를 지금 한 대 칠 것이다.

- तुमने उसे मुक्का दिया।

  네가 그에게 주먹을 날렸다.

- आप मुझे धक्का क्यों दे रहे हैं?
  당신은 나를 왜 밀치고 있나요?

3. निछावर करना, अर्पित करना (자신의 것을) 바치다

- हम आपके लिए प्राण भी दे देंगे।
  우리가 당신을 위해 생명도 바칠 것이다.
- मैं इस संस्था के लिए अपना जीवन देता हूँ।
  내가 이 기관을 위해 나의 인생을 바친다.
- कुछ लोगों ने देश को अपना सब कुछ दिया।
  몇몇 사람들은 나라에 자신의 모든 것을 바쳤다.

4. बंद करना 닫다, 잠그다

- रात को किवाड़ देकर सोना चाहिए।
  밤에 문을 닫고 자야만 한다.
- शर्ट का बटन दो।
  셔츠의 단추를 잠가라.
- घर की खिड़कियाँ दे दूँ?
  집의 창문들을 닫아줄까?

5. धारण करना 착용하다

- राजा मुकुट देता है।
  왕이 왕관을 쓴다.

- वह अकसर सिर पर पगड़ी देता है।

  그는 보통 머리에 터번을 쓴다.

- पंडित जी माथे पर टीका देते थे।

  브라흐만이 이마에 점을 찍었었다.

6. (सहायक क्रिया) अनुमति, कार्य की पूर्ति, भावना की बहिर्मुखी अभिव्यक्ति, दूसरों की ओर परिणाम पहुँचाना

(조동사로 쓰여) 허락, 일의 완성, 감정의 외향적 표현, 타인에게 결과를 미침을 나타낸다.

- उसे भी यहाँ बैठने दो।

  그도 여기에 앉게 해라.

- उसने वह पुस्तक मुझे दे दी थी।

  그는 그 책을 나에게 주었었다.

- वह मुस्करा दिया।

  그는 웃어주었다.

- मैंने अपनी पत्नी को कार ख़रीद दी।

  나는 내 아내에게 차를 사주었다.

दौड़ना

44

산스끄리뜨어의 धोर् '달리다'에서 유래한 동사로 '달리다'의 의미를 일차적으로 갖는다. 더불어 '(일을 목적으로) 들락거리거나 뛰어다니다', '(물 등이) 흐르다', '번지다' 등의 의미를 표현한다.

1. तीव्र गति से किसी ओर भागना 달리다

- क्या तुम मेरे साथ दौड़ोगे?
  너는 나와 함께 달릴래?
- उसने दौड़कर बस पकड़ी।
  그는 달려서 버스를 잡았다.
- मैं रोज़ सुबह 5 किलोमीटर दौड़ता हूँ।
  나는 매일 아침 5 킬로미터를 달린다.

2. किसी काम की सिद्धि के लिए बार-बार कहीं आना-जाना (일을 위해) 들락거리다, 뛰어다니다

- तुम नेताओं के यहाँ क्यों दौड़ते रहते हो?
  너는 지도자들의 집에 왜 들락거리니?
- मैं पाँच साल तक रोज़गार कार्यालय में दौड़ा।
  나는 5 년 동안 직업사무소에 들락거렸다.

- वह ज्ञान की तलाश में पाँच वर्ष तक इधर से उधर दौड़ता रहा।
  그는 지식을 구하러 5 년 동안 여기저기 뛰어다녔다.

3. तरल पदार्थ की किसी ओर प्रवाहित होना (물 등이) 흐르다

- बच्चे की नाक दौड़ रही थी।
  아이가 콧물이 흐르고 있었다.
- मेरी नसों में राजपूतों का ख़ून दौड़ता है।
  나의 핏줄에 라즈뿌뜨 족의 피가 흐른다.
- कभी इस तरफ़ गंगा का पानी दौड़ता था।
  언젠가 이쪽으로 강가의 물이 흘렀었다.

4. व्याप्त होना 번지다, 퍼지다

- तेरे चेहरे पर ईर्ष्या दौड़ती है।
  너의 얼굴에 시기심이 번진다.
- तुम्हारे चेहरे पर लाली दौड़ रही है।
  너의 얼굴에 홍조가 번지고 있다.
- उसके सारे शरीर में ज़हर दौड़ रहा था।
  그의 온몸에 독이 퍼지고 있었다.

नहाना

45

산스끄리뜨어의 स्ना '씻다'에서 유래한 동사로 '목욕하다'의 의미를 일차적으로 갖는다. 더불어 '흠뻑 젖다', '(먹을 것이) 풍족하다' 등의 의미를 표현한다.

1. स्नान करना 씻다, 목욕하다

- मैं सुबह 6 बजे नहाता हूँ।
  나는 아침 6 시에 목욕한다.
- क्या तुम घर पहुँचकर नहाओगे?
  너 집에 도착해서 씻을래?
- पिता जी स्नानागार में नहा रहे हैं।
  아버지가 욕실에서 목욕하고 있다.

2. किसी तरल पदार्थ से लथ-पथ होना (액체로) 흠뻑 젖다, 범벅되다

- वह लहू से नहा रहा था।
  그가 피범벅이 되고 있었다.
- किसान खेत में पसीने से नहाते हैं।
  농부가 밭에서 땀으로 흠뻑 젖는다.

- लगता है तुम तेल में नहाते हो !

  네가 기름 범벅이 된 것 같구나!

3. दूध-दही आदि का पर्याप्त मात्रा में होना (먹을 것이) 풍족하다

- हम दूध में नहाते थे।

  우리에게 우유가 풍족했다.

- ईश्वर करे तुम दूध-दही में नहाओ।

  신이 너에게 먹을 것이 풍족하게 해주시길.

- वह बहुत अमीर है, समझो दूध में नहाता है।

  그는 매우 부자이다, 그래서 우유가 풍족하다.

नाचना

46

산스끄리뜨어의 नृत् '춤추다'에서 유래한 동사로 '춤추다'의 의미를 일차적으로 갖는다. 더불어 '나불거리다', '나부대다', '너울거리다', '(지시대로) 움직이다' 등의 의미를 표현한다.

1. नृत्य करना 춤추다

- राम के अयोध्या लौटने पर लोग ख़ुशी से नाचने लगे।

  람이 아요댜에 돌아올 때 사람들이 기뻐서 춤추기 시작했다.

- आज रात पार्टी में हम ख़ूब नाचेंगे।

  오늘 저녁 파티에 우리는 실컷 춤출 것이다.

- देखो, वह कितना सुंदर नाच रही है!

  봐라, 그녀가 얼마나 아름답게 춤추고 있는가!

2. रह-रह कर इधर-उधर आना-जाना 나불거리다, 나부대다

- दिये की लौ नाच रही थी।

  등잔의 불꽃이 나불거리고 있었다.

- तू क्यों इधर-उधर नाच रहा है?

  너는 왜 이리저리 나부대고 있니?

• अब तू इधर-उधर नाचना बंद कर!

이제 너는 이리저리 나부대는 것을 멈춰라!

3. भयंकर स्थिति का बहुत क़रीब होना (무서운 것이) 너울거리다

• मौत उसके सिर पर नाच रही थी।

죽음이 그의 머리에서 너울거렸다.

• यह डर मेरे मन में हमेशा नाचता रहेगा।

그 두려움이 내 마음에 항상 너울거릴 것이다.

• वह भयंकर मंज़र अभी भी मेरी आँखों के सामने नाच रहा है।

그 무시무시한 장면이 지금도 내 눈앞에 너울거리고 있다.

4. दूसरे के इशारों पर चलना (다른 사람의 지시에 따라) 움직이다

• तुम तो हमेशा उसके इशारों पर नाचते रहे।

너는 항상 그의 지시에 따라 움직였다.

• मैं कभी किसी के इशारे पर नहीं नाचूँगा।

나는 결코 누군가의 지시에 따라 움직이지 않을 것이다.

• मुझे मालूम है वह किसके इशारों पर नाच रहा है।

나는 그가 누구의 지시에 따라 움직이는 것을 안다.

निकलना

47

산스끄리뜨어의 निष्कस् '(밖으로) 가다'에서 유래한 동사로 '나가다/나오다'의 의미를 일차적으로 갖는다. 더불어 '(가려 있던 것이) 드러나다', '벗어나다', '(의미가) 풀리다', '(시간이) 지나가다', '(사실로) 밝혀지다' 등의 의미를 표현한다. 또한 의미조동사로 쓰여 갑작스러움이나 거침없이 진척됨을 나타낸다.

1. **अंदर से बाहर आना** (안에서 밖으로) 나오다, 나가다

- **तुम तो आजकल घर से निकलते ही नहीं!**
  너는 요즘 집 밖에 나가지 않는구나!
- **प्रधानमंत्री हवाई जहाज़ से निकल रहे हैं।**
  총리가 비행기에서 나오고 있다.
- **दादा जी कल अस्पताल से निकलेंगे।**
  할아버지께서 내일 병원에서 나오실 것이다.

2. **छिपी या दबी हुई चीज़ का प्रकट होना** (숨겨 있거나 가려 있던 것이) 드러나다, 나타나다

- **उसके घर से सौ किलो सोना निकला।**
  그의 집에서 금이 백 킬로 나타났다.
- **उस ब्राह्मण के घर से शराब की दो सौ बोतलें निकलीं।**
  그 브라흐만의 집에서 술이 이백 병 드러났다.

- उसके पास एक पाकिस्तानी पासपोर्ट निकला।

  그가 파키스탄 여권을 하나 소지한 것이 드러났다.

3. किसी परिधि से बाहर आना (어떤 범주로부터) 빠져나가다, 벗어나다

- कल चार क़ैदी जेल से निकल गए।

  어제 네 명의 죄수들이 감옥에서 빠져나갔다.

- तुम कब यहाँ से निकल रहे हो?

  너는 언제 여기에서 빠져나갈래?

- मैं इस वातावरण से निकलना चाहता हूँ।

  나는 이 분위기에서 벗어나길 원한다.

4. आशय प्रकट होना (의미가) 풀리다, 이해되다

- इस श्लोक का अर्थ नहीं निकल रहा है।

  이 슐로까의 의미가 풀리지 않는다.

- तुम्हारी बात का कोई मतलब नहीं निलकता।

  너의 말뜻이 이해되지 않는다.

- देखना, इन पंक्तियों का कोई अर्थ निकल रहा है क्या?

  보세요, 이 행들의 의미가 이해되나요?

5. गुज़रना, बीतना (시간이) 지나가다

- ये कठिन दिन भी निकल जाएँगे।

  이 어려운 날들도 지나갈 것이다.

- अकेलेपन में दिन बहुत धीरे निकलते हैं।
  외로움 속에서 날들이 매우 느리게 지나간다.

- हमारे ये सुनहरे दिन भी निकल गए!
  우리의 이 황금기도 지나갔다!

6. सिद्ध होना (사실로) 드러나다, 밝혀지다

- तुम तो बहुत नालायक निकले।
  네가 매우 무능한 것으로 드러났다.

- हमारा बेटा होनहार निकलेगा।
  우리 아들이 유망한 사람으로 드러날 것이다.

- वह तो चोर निकला।
  그가 도둑으로 밝혀졌다.

7. (सहायक क्रिया) किसी क्रिया का अकास्मिकता या फ़र्राटे के साथ संपन्न होना (의미조동사로 쓰여) 갑작스러움과 거침없이 진척됨 등을 나타낸다.

- लोमड़ी पेड़ के पीछे से आ निकली।
  여우가 나무 뒤에서 (갑자기) 나타났다.

- मेज़ के नीचे से चूहा जा निकला।
  책상 아래에서 쥐가 (갑자기) 나타났다.

- तुम तो भाग निकले।
  네가 튀어나왔구나.

पकड़ना

48

산스끄리뜨어의 **प्रकृष्**(**प्र** '앞으로' + **कृष्** '당기다') '끌어당기다'에서 유래한 동사로서 '쥐다'의 의미를 일차적으로 갖는다. 더불어 '체포하다', '파악하다', '(방법 등을) 택하다', '(질병 등이) 몸을 못 쓰게 하다', '(탈것에) 타다' 등의 의미를 표현한다.

1. हाथ में ग्रहण करना, हाथ में थामना (손으로) 들다, 쥐다, 잡다

- तुम इस किताब को पकड़ो, मैं थोड़ी देर में आता हूँ।

  너 이 책을 들고 있어, 내가 잠시 후에 올게.

- पुलिस ने लाठी पकड़ी और मारना शुरू कर दिया।

  경찰이 곤봉을 쥐었다 그리고 때리기 시작했다.

- उसने झोला पकड़ा और चलना शुरू कर दिया।

  그는 가방을 쥐었다 그리고 떠나기 시작했다.

2. गिरफ़्तार करना, बंदी बनाना 붙잡다, 체포하다, 포로로 잡다

- कल रात पुलिस ने चार चोर पकड़े।

  어젯밤에 경찰이 도둑을 넷 붙잡았다.

- हम सभी आतंकवादियों को पकड़ेंगे।

  우리가 테러리스트들을 모두 체포할 것이다.

- विदेशी सेना ने भारतीय सैनिक को पकड़ लिया।
  외국군이 인도 군인을 포로로 잡았다.

3. किसी चीज़ को जानना 파악하다, 이해하여 알다

- बिटिया ने अक्षर पकड़ी।
  딸아이가 글자를 파악했다.
- मैं अब स्वर पकड़ने लगा हूँ।
  내가 이제 모음을 파악하기 시작했다.
- तुम्हारी वह बात मैं ठीक से पकड़ नहीं पाया।
  너의 그 말을 나는 제대로 파악할 수가 없었다.

4. दूसरे के रंग-ढंग को अपनाना (방법 등을) 택하다

- तुमने बातचीत करने का यह ढंग अपने दादा जी से पकड़ा है।
  네가 대화하는 이 방식은 네 할아버지한테서 택한 것이다.
- मैं पढ़ाने के लिए अपने गुरु का तरीक़ा पकड़ूँगा।
  나는 가르칠 때 내 스승님의 방법을 택할 것이다.
- वह अपनी कविता में टैगोर की शैली को पकड़ने की कोशिश करता है।
  그는 자신이 시에서 타고르의 문체를 택하려고 노력한다.

5. रोग या विकार का उग्र होना (질병 등이 심해져서) 몸을 못 쓰게 하다

- दादी जी को बुख़ार ने पकड़ लिया।
  할머니가 열로 움직이지 못했다.

- कई बार कफ़ बढ़कर सर पकड़ता है।

  종종 가래가 많아져서 머리가 안 돈다.

- ध्यान रखो, नहीं तो गठिया घुटना पकड़ लेगा।

  조심해라, 그렇지 않으면 류머티즘으로 무릎을 못 쓸 것이다.

6. किसी वाहन में सवार होना (탈것에) 타다

- मैं रोज़ सुबह दिल्ली के लिए बस पकड़ता हूँ।

  나는 매일 아침에 델리행 버스를 탄다.

- पिता जी परसों शाम हरिद्वार के लिए बस पकड़ेंगे।

  아버지께서 모레 저녁에 하리드와르행 버스를 타실 것이다.

- यहाँ आने के लिए आपने कौन-सी उड़ान पकड़ी?

  여기에 오려고 당신은 어느 항공편을 탔나요?

पकना

49

산스끄리뜨어의 어근 पच् '요리하다'의 어간 형태인 पक्-에서 유래한 동사로서 '(음식이) 익다'의 의미를 일차적으로 갖는다. 더불어 '여물다', '구워지다', '(종기 등이) 곪다' '털이 하얘지다', '연로해지다' 등의 의미를 표현한다.

1. अन्न आदि का गल जाना (음식이) 익다

- माँ, खाना कब पकेगा?

  엄마, 음식이 언제 익을까요?

- रसोईघर में चावल पक रहे हैं।

  부엌에서 밥이 익고 있다.

- सब्ज़ी पक गई है।

  채소요리가 익었다.

2. फलों आदि का मुलायम हो जाना (과일이) 익다, 여물다

- सेब कब पकेगा?

  사과가 언제 익나요?

- कटहल पक गया है।

  잭프루트 열매가 익었다.

• पेड़ों में आम जून के आसपास पकते हैं।

나무에서 망고가 6월 즈음에 여문다.

3. आँच में तपकर कड़ा होना 구워지다

• भट्टी में ईंटें पकती हैं।

가마에서 벽돌이 구워진다.

• ये मटके दो दिन में पकेंगे।

이 물단지들은 이틀 안에 구워질 것이다.

• कभी-कभी धूप में मिट्टी पक जाती है।

이따금 햇볕에 흙이 구워진다.

4. फोड़ा-फुंसी आदि का मवाद भर जाने की अवस्था को प्राप्त हो जाना (뾰루지와 종기 등이) 곪다

• तुम्हारा फोड़ा पक रहा है।

네 뾰루지가 곪고 있다.

• यह घाव कब पकेगा, डॉक्टर साहब?

이 상처가 언제 곪을까요, 의사 선생님?

• डॉक्टर ने कहा, "यह फुंसी पक जाए तब मेरे पास आना।"

의사가 말했다, "이 종기가 곪으면 내게 오세요."

5. बालों का सफ़ेद होना (머리카락이나 털이) 희어지다, 세다

• क्या मेरे बाल ऐसे ही पके हैं?

내 머리카락이 이렇게나 셌나?

- पिता जी, आपकी मूँछें पक गई हैं।

  아버지, 당신의 콧수염이 희어졌어요.

- इतनी कम उम्र में मेरे बाल पक गए।

  이렇게 젊은 나이에 내 머리카락이 희어졌네.

6. अधिक उम्र का होना 늙다, 연로하다

- पिता जी भी अब पक रहे हैं।

  아버지도 이제 늙어 가신다.

- दो-चार साल में हम भी पक जाएँगे।

  두서너 해 안에 우리도 늙을 것이다.

- दादा जी अब बहुत पक गए हैं।

  할아버지가 이제 많이 연로해지셨다.

पड़ना

50

산스끄리뜨어의 어근 **पत्** '떨어지다'에서 유래한 동사로서 '떨어지다'의 의미를 일차적으로 갖는다. 더불어 '(안에) 놓이다', '(타격이) 가해지다', '너부러지다', '빈둥거리다', '끼어들다' 등의 의미를 표현한다. 또한 의미조동사로 쓰여 갑작스러움이나 우연성을 나타낸다.

1. नीचे की ओर गिरना 떨어지다

- बारिश पड़ रही है।

  비가 오고 있다.

- बाहर ओले पड़ रहे हैं।

  우박이 떨어지고 있다.

- खिड़की से किरणें पड़ रही हैं।

  창문에서 햇빛이 내리고 있다.

2. अंदर प्रविष्ट किया जाना (안에) 놓이다, 투입되다, 들어가다

- इस दवा में शहद पड़ा है।

  이 약에 꿀이 들어갔다.

- शायद चाय में चीनी नहीं पड़ी है।

  아마도 차에 설탕이 안 들어갔다.

- इस चुनाव में 70 प्रतिशत मत पड़े।
  이 선거에 70 퍼센트가 투표되었다.

3. आघात या प्रहार पहुँचना (타격 또는 공격이) 가해지다

- तुझे अभी थप्पड़ पड़ेगा।
  너는 지금 따귀를 맞을 것이다.
- उस पर चारों ओर से लातें पड़ीं।
  그에게 사방에서 발길질이 가해졌다.
- उस आंदोलन में छात्रों पर बहुत लाठियाँ पड़ी थीं।
  그 시위에서 학생들에게 많은 몽둥이질이 가해졌다.

4. लेटे रहने की स्थिति में होना (게으름 병 등으로) 너부러지다

- तुम क्यों बिस्तर पर पड़े हो?
  너는 왜 침대에 너부러져 있니?
- वह दो दिन तक ज़मीन पर पड़ा रहा।
  그가 이틀 동안 땅에 너부러진 채로 있었다.
- मैं घायल होकर बहुत देर तक वहीं पड़ा रहा।
  나는 다쳐서 한참 동안 그곳에 너부러져 있었다.

5. बिना किसी कार्य के व्यर्थ में समय काटना
무의미하게 시간을 보내다, 빈둥대다

- तुम ससुराल में ही पड़े रहोगे?
  너는 처가집에서만 빈둥거릴래?

- वह एक महीने तक घर पर ही पड़ा रहा।

  그는 한달 동안 집에서만 빈둥거렸다.

- बाढ़ के कारण हम पिछले पाँच दिनों से स्टेशन पर ही पड़े हुए हैं।

  홍수 때문에 우리는 지난 5일 전부터 역에서만 일없이 시간을 보냈다.

6. हस्तक्षेप करना 끼어들다, 간섭하다, 참견하다

- वह शायद ही इस मामले में पड़ेगा।

  그는 아마도 이 사안에 끼어들 것이다.

- हमें दो भाइयों के बीच में नहीं पड़ना चाहिए।

  우리는 두 형제 간에 끼어들지 않아야 한다.

- तुम्हें पति-पत्नी के बीच में नहीं पड़ना चाहिए था।

  너는 남편과 아내 사이에 끼어들지 않아야 했었다.

7. (सहायक क्रिया) अकस्मात् पहुँचना, आकस्मिक रूप से कोई क्रिया आरंभ होना (의미조동사로 쓰여) 본동사의 행동이 갑자기 또는 우연히 일어남을 나타낸다.

- वह घर से निकल पड़ा।

  그가 집에서 떠나 버렸다.

- वह मुझसे लड़ पड़ेगा।

  그는 나와 싸우게 될 것이다.

- उस पर कठिन घड़ियाँ आ पड़ीं।

  그에게 어려운 때가 닥쳐버렸다.

연습문제 V

☑ [1-10] 주어진 힌디어의 올바른 뜻을 고르시오.

1. थकना	① 달리다
2. देखना	② 목욕하다
3. देना	③ 나가다
4. दौड़ना	④ 주다
5. नहाना	⑤ 쥐다
6. नाचना	⑥ 익다
7. निकलना	⑦ 지치다
8. पकड़ना	⑧ 보다
9. पकना	⑨ 떨어지다
10. पड़ना	⑩ 춤추다

☑ [11-30] 괄호 안에 적합한 것을 고르시오.

11. बच्चे आज राष्ट्रपति-भवन (देखेंगे, देंगे)।

12. माँ बेटे को पैसा (देखती हैं, देती हैं)।

13. पिता जी स्नानागार में (पक रहे हैं, नहा रहे हैं)।

14. राम के अयोध्या लौटने पर लोग ख़ुशी से (नाचने लगे, नहाने लगे)।

15. प्रधानमंत्री हवाई जहाज़ से (निकल रहे हैं, पड़ रहे हैं)।

16. विदेशी सेना ने भारतीय सैनिक को (निकल लिया, पकड़ लिया)।

17. इस चुनाव में 70 प्रतिशत मत (दौड़े, पड़े)।

18. वह ज्ञान की तलाश में पाँच वर्ष तक इधर से उधर (नाचता रहा, दौड़ता रहा)।

19. माँ काम करते-करते (थक गई हैं, पड़ गई हैं)।

20. यहाँ भीड़ में तुम्हारी आँखें किसे (देख रही हैं, दे रही हैं)?

21. मैं तुझे अभी एक थप्पड़ (पकड़ूँगा, दूँगा)।

22. वह भयंकर मंज़र अभी भी मेरी आँखों के सामने (थक रहा है, नाच रहा है)।

23. मैं घायल होकर बहुत देर तक वहीं (पड़ा रहा, पका रहा)।

24. पेड़ों में आम जून के आसपास (नाचते हैं, पकते हैं)।

25. किसान खेत में पसीने से (नहाते हैं, थकते हैं)।

26. डॉक्टर ने कहा, "जब यह फुंसी (नहा जाए, पक जाए) तब मेरे पास आना।"

27. मैं पढ़ाने के लिए अपने गुरु का तरीक़ा (पकड़ूँगा, दौड़ूँगा)।

28. उसके पास एक पाकिस्तानी पासपोर्ट (नाचा, निकला)।

29. मेरी नसों में राजपूतों का ख़ून (दौड़ता है, देखता है)।

30. वह अपनी प्रेमिका को मनाते-मनाते (थक गया, निकल गया)।

☑ [31-50] 밑줄 친 단어의 동의어를 고르시오.

31. तुम्हारे इस व्यवहार से मैं थक जाता हूँ।

① तंग आना ② भागना

③ प्रवाहित होना ④ व्याप्त होना

32. छात्रो, आप सब इस अध्याय को देखकर आना।

① सुपुर्द करना ② निछावर करना

③ पढ़ना ④ बंद करना

33. रात को किवाड़ देकर सोना चाहिए।

① अवलोकन करना ② अनुभव करना

③ तलाशना ④ बंद करना

34. मैं रोज़ सुबह 5 किलोमीटर दौड़ता हूँ।

① अशक्त होना ② तंग आना

③ भागना ④ अंगों का शिथिल होना

35. मैं सुबह 6 बजे नहाता हूँ।

① स्नान करना ② निरीक्षण करना

③ ध्यान रखना ④ परीक्षा करना

36. आज रात पार्टी में हम ख़ूब नाचेंगे।

① स्नान करना ② नृत्य करना

③ लथ-पथ होना ④ पर्याप्त मात्रा में होना

37. तुम तो बहुत नालायक निकले।

① नृत्य करना ② इधर-उधर आना-जाना

③ सिद्ध होना ④ दूसरे के इशारे पर चलना

38. पुलिस ने लाठी पकड़ी और मारना शुरू कर दिया।

① समझना ② पढ़ना

③ खोजना ④ हाथ में थामना

39. दो-चार साल में हम भी पक जाएँगे।

① अधिक उम्र का होना ② गिरना

③ आघात पहुँचना ④ हस्तक्षेप करना

40. उस आंदोलन में छात्रों पर बहुत लाठियाँ पड़ी थीं।

① गुज़रना ② सिद्ध होना

③ प्रहार पहुँचना ④ आशय प्रकट होना

41. अधिक उम्र के कारण एक दिन हम सब थक जाएँगे।

① सफ़ेद होना ② अशक्त होना

③ मुलायम होना ④ गल जाना

42. उसके सारे शरीर में ज़हर दौड़ रहा था।

① व्याप्त होना ② जानना

③ बंदी बनाना ④ हाथ में ग्रहण करना

43. दिये की लौ नाच रही थी।

① बाहर आना ② रहकर इधर-उधर आना-जाना

③ छिपी चीज़ का प्रकट होना ④ बीतना

44. इतनी कम उम्र में मेरे बाल पक गए।

① सफ़ेद होना ② भयंकर स्थिति का क़रीब होना

③ इधर-उधर आना-जाना ④ नृत्य करना

45. ईश्वर करे तुम दूध-दही में नहाओ।

① धारण करना ② पर्याप्त मात्रा में होना

③ अर्पित करना ④ मारना

46. दादा जी बीमार हैं, उन्हें देखना पड़ता है मुझे।

① खोजना ② परीक्षा करना

③ पढ़ना ④ ध्यान देना

47. हम आपके लिए प्राण भी दे देंगे।

① बंद करना
② धारण करना
③ अर्पित करना
④ हवाले करना

48. अकेलेपन में दिन बहुत धीरे निकलते हैं।

① बाहर आना
② आशय प्रकट होना
③ बीतना
④ सिद्ध होना

49. तुम्हारी वह बात मैं ठीक से नहीं पकड़ पाया था।

① जानना
② उग्र होना
③ सवार होना
④ गिरफ़्तार करना

50. हमें दो भाइयों के बीच में नहीं पड़ना चाहिए।

① गिरना
② हस्तक्षेप करना
③ अंदर प्रविष्ट किया जाना
④ समय काटना

연습문제 V 정답

1 ⑦ 2 ⑧ 3 ④ 4 ① 5 ② 6 ⑩ 7 ③ 8 ⑤ 9 ⑥ 10 ⑨

11 देखेंगे 12 देती हैं 13 नहा रहे हैं 14 नाचने लगे 15 निकल रहे हैं

16 पकड़ लिया 17 पड़े 18 दौड़ता रहा 19 थक गई हैं 20 देख रही हैं

21 दूँगा 22 नाच रहा है 23 पड़ा रहा 24 पकते हैं 25 नहाते हैं

26 पक जाए 27 पकड़ूँगा 28 निकला 29 दौड़ता है 30 थक गया

31 ① 32 ③ 33 ④ 34 ③ 35 ① 36 ② 37 ③ 38 ④ 39 ① 40 ③

41 ② 42 ① 43 ② 44 ① 45 ② 46 ④ 47 ③ 48 ③ 49 ① 50 ②

51-60과

पढ़ना - बचना

पढ़ना

51

산스끄리뜨어의 पठ् '읽다'에서 유래한 동사로서 '(소리내어) 읽다'의 의미를 일차적으로 갖는다. 더불어 '(뜻을) 읽다', '공부하다', '암송하다', '(내재된 의미를) 읽다' 등의 의미를 표현한다.

1. किसी लिपि में लिखित शब्दों या अक्षरों का क्रम से उच्चारण करना
(소리 내어) 읽다

- वह कविता पढ़ रहा है।
  그가 시를 읽고 있다.
- आप इस गद्य को पढ़िए।
  당신은 이 산문을 읽으세요.
- पिता जी अकसर गीता पढ़ते थे।
  아버지는 자주 바가바드 기따를 읽으셨었다.

2. लिखित शब्दों को देखते हुए उस में व्यक्त आशय को समझते जाना
(글을 보고 뜻을) 헤아려 알다, 읽다

- मैं रोज़ सुबह अख़बार पढ़ता हूँ।
  나는 매일 아침 신문을 읽는다.

- वह कहानियाँ नहीं पढ़ेगा।

  그는 이야기들을 읽지 않을 것이다.

- क्या तुमने रामायण पढ़ी है?

  너는 라마야나를 읽었니?

3. किसी शास्त्र का अध्ययन करना 공부하다

- तुम विज्ञान पढ़ोगे या कला?

  너는 과학을 공부할래 아니면 예술을?

- वह आजकल ज्योतिष पढ़ रहा है।

  그는 요즘 천문학을 공부하고 있다.

- मैंने विश्वविद्यालय में दर्शनशास्त्र पढ़ा था।

  나는 대학에서 철학을 공부했었다.

4. याद किए हुए पदों को धीमे स्वर में गुनगुनाना 암송하다, 외다, 읊다

- वह मंत्र पढ़ रहा है।

  그가 만뜨라(진언)을 외고 있다.

- दादा जी रोज़ सुबह उठकर श्लोक पढ़ते थे।

  할아버지는 매일 아침 일어나서 슐로까(이행연구)를 암송하셨었다.

- तुमने उस पर क्या मंतर पढ़ दिया है?

  네가 그에게 어떤 주문을 읊었니?

5. चिह्नों या लक्षणों को देखकर उनमें निहित भाव को समझना
(내재된 의미를) 읽다

- क्या आप हस्तरेखाएँ पढ़ते हैं?
  당신은 손금을 읽나요?
- मैं उसके चेहरे पर परेशानी स्पष्ट रूप से पढ़ रहा हूँ।
  나는 그의 얼굴에서 근심을 명확하게 읽고 있다.
- योगी लोग दूसरों के मन की बात को पढ़ लेते थे।
  요가수행자들은 다른 사람들의 마음의 상태를 읽을 수 있었다.

पहनना

52

산스끄리뜨어의 **परिधा** '입다'에서 유래한 동사로서 '(옷을) 입다'를 비롯하여 '(모자를) 쓰다', '(신발이나 양말을) 신다', '(목도리를) 걸치다' 등 몸에 걸치는 모든 행동을 표현한다.

1. शरीर पर या किसी अंग विशेष पर धारण करना
(몸에) 쓰다, 입다, 신다, 걸치다

- मैं उन दिनों टोपी पहनता था।
  나는 그 당시에 모자를 썼었다.
- क्या आपके दादा जी धोती पहनते हैं?
  당신의 할아버지는 도띠(남자용 바지)를 입으십니까?
- उसने लाल साड़ी पहन रखी है।
  그녀는 붉은 사리를 입었다.
- ऐसी धारीदार कमीज़ अब नहीं पहनी जाती।
  이런 줄무늬 셔츠는 이제 입지 않는다.
- जल्दी जूते पहनो और चलो!
  빨리 신발을 신어라 그리고 가라!

- मैं सूती के मोज़े पहनना पसंद करता हूँ।

  나는 면양말을 신는 것을 좋아한다.

- क्या वह महिला रेश्मी शाल पहने थी?

  그 여인이 비단 숄을 걸치고 있었나요?

- आज लाल चूड़ियाँ पहनो।

  오늘은 빨강 팔찌를 차라.

पहुँचना

53

산스끄리뜨어의 **प्रभूत** '나타난/생겨난'에서 유래한 동사로서 '도착하다'의 의미를 일차적으로 갖는다. 더불어 '(비슷한 수준에) 도달하다', '(충격 등을) 받다', '(다른 상태로) 변하다', '(원리나 의미 등의 이해에) 다다르다' 등의 의미를 표현한다.

1. पैरों की सहायता से एक स्थान से चलकर दूसरे स्थान को प्राप्त होना 도착하다

- तुम यहाँ कब पहुँचे?

  너 여기에 언제 도착했어?

- पिता जी पाँच सितंबर को कोरिया पहुँचेंगे।

  아버지가 9월 5일에 한국에 도착하실 것이다.

- यह ट्रेन सुबह 7 बजे लखनऊ से चलकर शाम को 5 बजे दिल्ली पहुँचती है।

  이 기차는 아침 7시에 러크나우를 떠나서 저녁 5시에 델리에 도착한다.

2. बराबरी में आना, समान होना (비슷한 수준에) 이르다, 도달하다

- मैं आपके स्तर पर कभी नहीं पहुँचूँगा।

  내가 당신의 수준에 결코 이르지 못할 것이다.

- लगता है कि विराट एक दिन सचिन के रिकार्ड तक पहुँचेगा।
  비라뜨는 언젠가 사찐 선수의 기록까지 도달할 것 같다.
- अब तो तुम लगभग अपने गुरु के बराबर पहुँच गए हो।
  이제 너는 거의 네 스승에 필적할 만큼 도달했다.

3. फल के रूप में मिलना या प्राप्त होना (충격 등을) 받다, 입다

- इस तरह की बातों से मन को बहुत ठेस पहुँचती है।
  이런 식의 이야기들로 마음에 매우 충격을 받는다.
- दुर्घटना में दस लोगों को मामूली चोट पहुँची।
  사고로 열 명의 사람들은 크지 않은 상처를 입었다.
- गुरु जी से मिले बग़ैर जाओगो तो तुम्हें बहुत कष्ट पहुँचेगा।
  스승과 만나지 않고 가면 너는 큰 어려움을 겪게 될 것이다.

4. एक दशा से दूसरी दशा को प्राप्त होना (다른 상태로) 변하다

- दीवार में सील पहुँची है।
  벽이 눅눅해졌다.
- खाने में सड़न पहुँचेगी।
  음식이 부패할 것이다.
- छत पर सीलन नहीं पहुँचे, ध्यान रखना।
  천장이 눅눅한지 신경을 써라.

5. तह तक जाना, ठीक से जानने में समर्थ होना

(원리, 의미, 비밀 등의 이해에) 다다르다

- मैं आपकी बुद्धि तक कब पहुँच सकूँगा ?

  내가 당신의 지성까지 언제 다다를 수 있을까?

- दर्शनशास्त्र गंभीर विषय है, इस में पहुँचना आसान नहीं।

  철학은 심오한 주제이다, 여기에 다다르는 것이 쉽지 않다.

- वह जो कहना चाह रहा है तुम उस बात तक नहीं पहुँच पाओगे !

  그가 말하고자 하는 것에 너는 다다를 수 없을 것이다!

पाना

54

산스끄리뜨어의 **प्राप्** (**प्र** '앞에' + **आप्** '얻다') '획득하다'에서 유래한 동사로서 '얻다'의 의미를 일차적으로 갖는다. 더불어 '받다', '발견하다', '알아차리다', '경험하다', '따라잡다' 등의 의미를 표현한다. 또한 조동사로 쓰여 가까스로 할 수 있음을 나타낸다. 조동사로 부정사와 함께 쓰일 때는 도저히 할 수 없음을 나타낸다.

1. **प्राप्त करना, हासिल करना** 얻다, 획득하다

- **संपत्ति के बँटवारे में तुमने क्या-क्या पाया?**

  재산 분배에서 너는 무엇 무엇을 얻었니?

- **आपके साथ रहकर मैं क्या पाऊँगा?**

  당신과 함께 지내면서 내가 무엇을 얻을까요?

- **सत्संग से आदमी बहुत कुछ पाता है।**

  좋은 사람과 어울리면 사람은 많은 것을 얻는다.

2. **भेजी हुई चीज़ का किसी तक पहुँच जाना** 받다

- **आपका संदेश पाया, बहुत अच्छा लगा।**

  당신의 전갈을 받았다, 매우 좋았다.

- **दो-एक दिन में आप मेरी चिट्ठी पाएँगे।**

  하루 이틀 안에 당신은 내 편지를 받으실 겁니다.

- क्या तुमने उनका निमंत्रण पाया था?
  너는 그의 초대를 받았었니?

3. किसी वस्तु का मिलना 발견하다

- तुमने यह घड़ी कहाँ पाई?
  너는 이 시계를 어디에서 발견했니?
- यह बटुआ मैंने सड़क पर पड़ा हुआ पाया।
  내가 길에 떨어져 있던 이 지갑을 발견했다.
- आप उस जगह एक छोटा तालाब पाएँगे।
  당신은 그곳에서 한 작은 연못을 발견할 것이다.

4. किसी को विशेष रूप में समझना 알아차리다, 알게 되다

- मैंने उसे बहुत सीधा पाया।
  나는 그가 매우 단순하다는 것을 알아차렸다.
- हमने उन्हें क्रोधी और घमंडी पाया।
  우리는 그분이 성마르고 건방지다는 것을 알아차렸다.
- आप उन्हें एक अच्छा आदमी पाएँगे।
  당신은 그분이 좋은 사람이라는 것을 알게 될 것이다.

5. अनुभव करना 경험하다

- साधु के संग में आदमी बहुत सुख पाता है।
  성인과 함께하며 사람은 상당한 기쁨을 경험한다.

- मेहनत करो वरना बार-बार असफलता पाओगे।

  열심히 해라 그렇지 않으면 번번이 실패를 경험하게 될 거야.

- पिता जी ने बचपन में बहुत दुःख पाया।

  아버지는 어린 시절에 슬픔을 많이 경험하셨다.

6. बराबर या तुल्य होना 따라잡다

- तुम दौड़ में मुझे नहीं पा सकते।

  너는 달리기에서 나를 결코 따라잡을 수 없다.

- मैं पढ़ाई में उसे कभी नहीं पाऊँगा।

  나는 학업에서 그를 결코 따라잡을 수 없을 것이다.

- चालाकी में उसे कोई नहीं पाएगा।

  영리함에서 그를 누구도 따라잡을 수 없을 것이다.

7. (सहायक क्रिया) सकना, समर्थ होना (조동사로 쓰여) 가까스로 할 수 있음을 나타낸다.

- काना आदमी एक आँख से देख नहीं पाता है।

  애꾸는 한 눈은 볼 수 없다.

- तब मैं दो क़दम भी चल नहीं पाता था।

  그때 나는 한 발짝도 도저히 걸을 수 없었다.

- तू मुझे जीवन में कभी हरा नहीं पाएगा।

  너는 나를 평생 결코 이길 수 없을 것이다.

पालना

55

산스끄리뜨어의 पाल् '보호하다/기르다'에서 유래한 동사로서 '양육하다'의 의미를 일차적으로 갖는다. 더불어 '지키다', '사육하다', '(병 등을) 방치하다', '간직하다' 등의 의미를 표현한다.

1. परवरिश करना, भरण-पोषण करना 기르다, 양육하다

- मैं चार बच्चों को पालूँगा।

  나는 아이 넷을 양육할 것이다.

- मुझे मेरे मामा-मामी ने पाला था।

  나를 나의 외삼촌과 외숙모가 기르셨다.

- क्या आप उस बच्ची को पाल रहे हैं?

  당신은 그 여자아이를 키우고 있습니까?

2. निभाना 지키다, 이행하다

- मैं आपकी आज्ञा सदा पालूँगा।

  나는 당신의 명령을 항상 이행할 것이다.

- दशरथ ने अपनी प्रतीक्षा को पाला।

  다슈라트는 자신의 맹세를 지켰다.

- उसने अपने वचन को जीवन-भर पाला।
  그는 자신의 언약을 평생 지켰다.

3. **अपने मनोरंजन या अन्य किसी प्रकार के लाभ के लिए पशु-पक्षी को रखकर उनको खिलाना-पिलाना** (동물을) 기르다, 사육하다, 양식하다

- हम गाँव में पशु पालते थे।
  우리가 시골에서 가축을 길렀었다.
- वे जीविका के लिए मुर्गी पालते हैं।
  그들은 생계를 위해 닭을 키운다.
- सेवा-अवकाश के बाद मैं गाँव जाकर मछली पालूँगा।
  은퇴 후에 나는 시골에 가서 어류를 양식할 것이다.

4. **कष्ट देने वाली वस्तु को बनाए रखना** (나쁜 습관이나 병 등을) 그대로 두다, 키우다, 방치하다

- तुम क्यों इस रोग को पालते हो?
  너는 왜 이 병을 키우니?
- तुम इस मुसीबत को अब और न पालो!
  너는 이 불상사를 이제 더 이상 방치하지 마!
- वह इस तरह का कोई झंझट नहीं पालता।
  그는 이런 식의 어떤 골칫거리를 그대로 두지 않는다.

5. सुरक्षित बचाकर रखना, बनाए रखना 지니다, 유지하다

- आप दुश्मनी मत पालिए।

  당신은 적의를 지니지 마세요.

- आप बात को पालकर रखते हैं?

  당신은 (지난) 일을 마음에 두고 삽니까?

- मैंने तुम्हारी तस्वीर अभी तक पाल कर रखी है।

  나는 너의 사진을 지금까지 간직해 두고 있다.

पीना

56

산스끄리뜨어의 पा '마시다'에서 유래한 동사로서 '마시다'의 의미를 일차적으로 갖는다. 더불어 '견디다', '(담배를) 피다', '흡수하다', '은폐하다' 등의 의미를 표현한다.

1. किसी तरल पदार्थ को मुँह में डालकर गले के रास्ते पेट में पहुँचाना 마시다

- पिता जी चाय पी रहे हैं।
  아버지께서 차를 마시고 계신다.
- अब मैं कभी शराब नहीं पिऊँगा।
  이제 내가 결코 술을 마시지 않을 것이다.
- हमें हर रोज़ एक गिलास दूध पीना चाहिए।
  우리는 매일 우유 한 잔을 마셔야 한다.

2. सहना 참다, 견디다, 삭이다

- वह अपने अपमान को चुपचाप पीता रहा।
  그는 자신에 대한 모욕을 묵묵히 참아냈다.
- तुम उसकी ऐसी बातों को क्यों पी लेते हो?
  너는 그의 이런 말들을 왜 참는가?

- अपमान को पीना कई बार ठीक होता है?

  치욕을 삭이는 것이 종종 좋습니까?

3. नशे के लिए धुएँ मुँह के अंदर लेकर बाहर निकालना (담배를) 피우다

- क्या तुम सिगरेट पीते हो?

  너는 담배를 피우니?

- मेले में साधु लोग हुक़्क़ा पी रहे थे।

  순례 축제에서 성자들이 물담배를 피우고 있었다.

- मैं चिलम कभी नहीं पिऊँगा।

  나는 파이프 담배를 절대 피우지 않을 것이다.

4. खींचना या सोखना 빨아들이다, 흡수하다

- मिट्टी पानी पी रही है।

  흙이 물을 흡수하고 있다.

- आटा काफ़ी सारा घी पी जाता है।

  밀가루가 상당히 모든 버터를 흡수해 버린다.

- इतना घी तो हलवा ही पी जाएगा।

  이 만큼의 기름은 할와 당과가 다 빨아들여 버릴 것이다.

5. दबा लेना, छिपा लेना 숨기다, 쉬쉬하다, 은폐하다, 덮다

- प्रशासन उस मामले को पी गया।

  행정당국이 그 사안을 쉬쉬했다.

• सरकार रिपोर्ट्स को पी जाती है।

정부가 보고서를 은폐해 버린다.

• सर, हम आपको शिकायत-पत्र देते हैं लेकिन आप उन्हें पी जाते हैं!

선생님, 우리가 당신에게 민원을 제출해도 당신은 그것들을
덮어버리는군요!

पूछना

57

산스끄리뜨어의 **प्रच्छ्** '질문하다'에서 유래한 동사로서 '묻다'의 의미를 일차적으로 갖는다. 더불어 '관심을 보이다', '(안부를) 묻다', '문제를 내다' 등의 의미를 표현한다.

1. प्रश्न करना, जिज्ञासा करना (궁금하거나 몰라서) 묻다

- दुकानदार से रास्ता पूछो।
  가게주인에게 길을 물어봐.
- शिष्य गुरु से आत्मा के बारे में पूछता है।
  제자가 스승에게 영혼에 관해서 묻는다.
- मैंने पिता जी से अपनी दादी का नाम पूछा।
  나는 아버지에게 할머니의 이름을 물었다.

2. क़द्र करना, महत्त्व देना 관심을 보이다, 중요하게 여기다

- अजी, आजकल योग्यता को कौन पूछता है?
  이봐, 요즘 능력을 누가 중요하게 여기는가?
- पैसा नहीं रहेगा तो तुम्हें कोई नहीं पूछेगा।
  돈이 없으면 너를 누구도 안중에 안 둘 거야.

• जब मैं पद पर था तो सब पूछते थे।

내가 지위에 있을 때는 모두가 관심을 보였다.

3. हाल-चाल पूछना, खोज-ख़बर लेना (안부를) 묻다

• क्या तुम माँ के बारे में कभी पूछते हो?

너는 엄마의 안부를 가끔 물어보니?

• मंत्री ने अस्पताल जाकर घायलों का हाल-चाल पूछा।

장관은 병원에 가서 부상당한 사람들의 안부를 물었다.

• मामा जी बीमार हैं, हमें उनका हाल-चाल पूछना चाहिए।

외삼촌이 편찮으시다, 우리는 그분의 안부를 물어야 한다.

4. परीक्षा में प्रश्न का आना (시험에서) 질문하다, 문제를 내다

• सर, इस बार कितने प्रश्न पूछेंगे आप?

선생님, 당신은 이번에 몇 문제를 내실 거에요?

• हमारे गणित के अध्यापक परीक्षा में बहुत कठिन प्रश्न पूछते हैं।

우리의 수학 선생님은 시험에 매우 어려운 문제를 내신다.

• परीक्षा में योगदर्शन से कुछ नहीं पूछा गया।

시험에서 요기 철학에서는 아무 문제도 나오지 않았다.

फटना

58

산스끄리뜨어의 **स्फट्** '터지다'에서 유래한 동사로서 '갈라지다'의 의미를 일차적으로 갖는다. 더불어 '찢어지다', '(액체가 고형분과) 분리되다', '심하게 아프다' 등의 의미를 표현한다.

1. दरार पड़ना 갈라지다, 금 가다

- तुम्हारे पैर फटे हैं।
  네 발이 갈라졌다.
- मेरे घर की दीवार फट रही है।
  내 집의 벽이 금 가고 있다.
- भूकंप से कई जगह ज़मीन फट गई थी।
  지진으로 여러 곳에 땅이 갈라졌다.

2. किसी आघात के कारण खंडित होकर विभक्त हो जाना 찢어지다

- ये नोट कैसे फटे?
  이 지폐가 어떻게 찢어졌지?
- किताब के दो पृष्ठ फट गए थे।
  책의 두 쪽이 찢어졌었다.

- यह शर्ट कई जगह फटी है।
  이 셔츠가 여러 곳이 찢어졌다.

3. द्रव पदार्थ में विकार के कारण उसके पानी का अलग होना
(액체가 고형분과) 분리되다

- नींबू डालने से दूध फट जाता है।
  레몬을 넣으면 우유가 물과 분리된다.
- दूध फट गया था, आज चाय नहीं बना पाया।
  우유가 물과 분리되어서 오늘 차를 만들 수 없었다.
- ज़रा कलाई दिखाना, शायद ख़ून फट रहा है तुम्हारा।
  손목을 좀 보자, 아마도 네 손목 안에서 피가 터진 모양이다.

4. शरीर के अंग का अत्यधिक पीड़ित होना (찢어지는 것처럼) 심하게 아프다

- इस शोर में मेरे कान फट रहे हैं।
  이 소음으로 내 귀가 매우 아프다.
- पिता जी के थकान के कारण पैर फट रहे थे।
  아버지가 피곤으로 발이 매우 아팠다.
- डॉक्टर साहब, दर्द के मारे मेरा सर फटा जा रहा है।
  의사 선생님, 통증으로 내 머리가 매우 아파요.

फैलना

59

산스끄리뜨어의 **प्रसृ**(**प्र** '앞에' + **सृ** '가다') '확산되다', 쁘라끄리뜨어의 **पयल्ल** '펼쳐지다'에서 유래한 동사로서 '뻗다/펼쳐지다'의 의미를 일차적으로 갖는다. 더불어 '(불이) 번지다', '(병이) 퍼지다', '(소식 등이) 퍼지다', '흩어지다' 등의 의미를 표현한다.

1. **अधिक स्थान तक व्याप्त होना** (산, 강 등이 멀리까지) 뻗다, 펼쳐지다

- यह पर्वत हज़ारों मील तक फैला है।
  이 산은 수천 마일까지 뻗어 있다.
- यह समुद्र कहाँ तक फैला है?
  이 바다는 어디까지 펼쳐져 있습니까?
- वह जंगल 100 किलोमीटर तक फैला था।
  그 정글은 100 킬로미터까지 펼쳐져 있었다.

2. **पसरना** (몸이나 물건이) 펴지다, 뻗다, 펼쳐지다

- फ़र्श पर फैलो और लंबी साँस लो।
  바닥에 몸을 펴고 긴 숨을 쉬어라.
- वह पूरे बिस्तर पर फैल गया।
  그가 침대 위에 뻗어 버렸다.

- कपड़े पलंग पर फैले थे।
  옷이 침대에 펼쳐져 있었다.

3. अधिक क्षेत्र को अपने प्रभाव में लेना (불이) 번지다, (병이) 퍼지다

- गाँव में आग फैल गई है।
  마을에 불이 번졌었다.
- यह रोग पूरे ज़िले में फैल सकता है।
  이 병이 전 지역에 퍼질 수 있다.
- उस समय पूरे प्रदेश में हैजा फैला था।
  그때 전 지역에 콜레라가 퍼졌었다.

4. जानकारी का विषय बनना, चर्चा में आना (소식 등이) 퍼지다

- यह बात सब जगह फैल गई।
  이 이야기가 모든 곳에 퍼졌다.
- यह ख़बर सब ओर फैल रही है।
  이 소식이 사방으로 퍼지고 있다.
- तुम्हारी बदनामी वहाँ तक फैलेगी।
  너의 악명이 거기까지 피질 것이다.

5. बिखरना 흩어지다, 흐트러지다

- फ़र्श पर चावल के दाने फैले हैं।
  바닥에 쌀알들이 흩어져 있다.

- आँगन में काग़ज़ के टुकड़े फैले हैं।

  마당에 종잇조각들이 흩어져 있다.

- तुम्हारा सामान हमेशा फैला रहता है।

  너의 물건은 항상 흐트러져 있다.

बचना

60

산스끄리뜨어의 वञ्च् '피하다/모면하다'에서 유래한 동사로서 '남다'의 의미를 일차적으로 갖는다. 더불어 '모면하다', '삼가다', '기피하다' 등의 의미를 표현한다.

1. अवशिष्ट रहना, बाक़ी रहना 남다

- दो सेब मैंने खा लिए, अभी एक बचा है।

  사과 두 개를 내가 먹었다, 지금 하나 남아있다.

- मेरे पास अब सिर्फ़ दो सौ रुपये बचे हैं।

  내게 지금 단지 이백 루피가 남아있다.

- खाना बचेगा तो ग़रीबों में बाँट देना।

  음식이 남으면 가난한 이들에게 나눠 주어라.

2. सुरक्षित रहना 모면하다, 살아남다

- कल एक मासूम बच्चा छत से गिरा, नहीं बचा!

  어제 한 죄없는 아이가 지붕에서 떨어졌다, 모면하지 못했다!

- उस दुर्घटना में पिता जी बाल-बाल बचे थे!

  그 사건에서 아버지는 가까스로 모면하셨다!

- परमाणु-युद्ध होगा तो कौन बचेगा?

  핵전쟁이 일어나면 누가 살아남겠는가?

3. अलग रहना, परहेज़ करना 삼가다, 절제하다

- बेटा, झूठ बोलने से हमेशा बचो!

  얘야, 거짓말 하는 것을 항상 삼가거라!

- हमें बुरी संगत से बचना चाहिए।

  우리는 나쁜 이들과 어울리는 것을 삼가야 한다.

- शराब से बचिए, मेरे प्रिय सज्जनो!

  술을 절제하세요, 나의 사랑하는 분들이여!

4. संपर्क करने या सामना करने में संकोच करना 꺼리다, 기피하다

- छात्र अध्यापक से बच रहा है।

  학생이 선생님을 꺼리고 있다.

- तुम मुझसे हमेशा क्यों बचते हो?

  너는 항상 왜 나를 기피하니?

- वह बहुत दिनों तक अपने पिता जी से बचता रहा।

  그는 오래도록 자기 아버지를 기피했다.

연습문제 VI

☑ [1-10] 주어진 힌디어의 올바른 뜻을 고르시오.

1. पढ़ना	① 마시다
2. पहनना	② 읽다
3. पहुँचना	③ 도착하다
4. पाना	④ 묻다
5. पालना	⑤ 양육하다
6. पीना	⑥ 펼쳐지다
7. पूछना	⑦ 입다
8. फटना	⑧ 얻다
9. फैलना	⑨ 남다
10. बचना	⑩ 갈라지다

☑ [11-30] 괄호 안에 적합한 것을 고르시오.

11. ऐसी धारीदार कमीज़ अब नहीं (पढ़ी जाती, पहनी जाती)।

12. पिता जी पाँच सितंबर को कोरिया (पहुँचेंगे, पूछेंगे)।

13. क्या तुमने उनका निमंत्रण (पाया था, पहना था)?

14. मुझे मेरे मामा-मामी ने (पाया था, पाला था)।

15. हमें हर रोज़ एक गिलास दूध (पीना, पालना) चाहिए।

16. मंत्री ने अस्पताल जाकर घायलों का हाल-चाल (पिया, पूछा)।

17. नींबू डालने से दूध (फट जाता है, फैल जाता है)।

18. वह जंगल 100 किलोमीटर तक (बचा था, फैला था)।

19. दो सेब मैंने खा लिए, अभी एक (बचा है, पहुँचा है)।

20. मैं रोज़ सुबह अख़बार (पूछता हूँ, पढ़ता हूँ)।

21. मैं सूती के मोज़े (पालना, पहनना) पसंद करता हूँ।

22. दर्शनशास्त्र गंभीर विषय है, इस में (पहुँचना, फटना) आसान नहीं।

23. यह बटुआ मैंने सड़क पर पड़ा हुआ (पढ़ा, पाया)।

24. मेले में साधु लोग हुक़्क़ा (पहन रहे थे, पी रहे थे)।

25. हमारे गणित के अध्यापक परीक्षा में बहुत कठिन प्रश्न (पहुँचते हैं, पूछते हैं)।

26. उस समय पूरे प्रदेश में हैजा (फैला था, बचा था)।

27. परमाणु-युद्ध होगा तो कौन (बचेगा, फटेगा)?

28. भूकंप से कई जगह ज़मीन (फैल गई थी, फट गई थी)।

29. वह इस तरह का कोई झंझट नहीं (पालता, पहनता)।

30. मैं उसके चेहरे पर परेशानी स्पष्ट रूप से (पा रहा हूँ, पढ़ रहा हूँ)।

☑ [31-50] 밑줄 친 단어의 동의어를 고르시오.

31. मैंने विश्वविद्यालय में दर्शनशास्त्र पढ़ा था।

① अध्ययन करना ② प्रश्न करना
③ महत्त्व देना ④ हाल-चाल पूछना

32. क्या वह महिला रेशमी शाल पहने थी?

① भाव को समझना ② धारण करना
③ अध्ययन करना ④ उच्चारण करना

33. लगता है कि विराट एक दिन सचिन के रिकार्ड तक पहुँचेगा।

① दरार पड़ना ② बराबरी में आना
③ पीड़ित होना ④ विभक्त होना

34. संपत्ति के बँटवारे में तुमने क्या-क्या पाया?

① सहना ② खींचना
③ दबा लेना ④ प्राप्त करना

35. वह अपने अपमान को चुपचाप पीता रहा।

① जिज्ञासा करना　② क़द्र करना

③ सहना　④ खोज-ख़बर लेना

36. क्या आप उस बच्ची को पाल रहे हैं?

① परवरिश करना　② धीमे स्वर में गुनगुनाना

③ आशय को समझना　④ उच्चारण करना

37. शिष्य गुरु से आत्मा के बारे में पूछता है।

① प्रश्न करना　② छिपा लेना

③ सोखना　④ धूम्रपान करना

38. मेरे घर की दीवार फट रही है।

① बराबरी में आना　② दरार पड़ना

③ फल के रूप में मिलना　④ तह तक जाना

39. फ़र्श पर चावल के दाने फैले हैं।

① बिखरना　② समान होना

③ प्राप्त होना　④ जानने में समर्थ होना

40. कल एक मासूम बच्चा छत से गिरा, नहीं बचा!

① खंडित होना　② अलग होना

③ पीड़ित होना　④ सुरक्षित रहना

41. दादा जी रोज़ सुबह उठकर श्लोक पढ़ते थे।

① हासिल करना ② धीमे स्वर में गुनगुनाना

③ वस्तु का मिलना ④ समझना

42. इस तरह की बातों से मन को बहुत ठेस पहुँचती है।

① फल के रूप में मिलना ② व्याप्त होना

③ पसरना ④ बिखरना

43. हमने उन्हें क्रोधी और घमंडी पाया।

① बनाए रखना ② निभाना

③ समझना ④ भरण-पोषण करना

44. तुम मुझसे हमेशा क्यों बचते हो?

① बिखरना ② संपर्क करने में संकोच करना

③ चर्चा में आना ④ परसना

45. सरकार रिपोर्ट्स को पी जाती है।

① अनुभव करना ② तुल्य होना

③ छिपा लेना ④ हासिल करना

46. पैसा नहीं रहेगा तो तुम्हें कोई नहीं पूछेगा।

① महत्त्व देना ② परवरिश करना

③ निभाना ④ खिलाना-पिलाना

47. डॉक्टर साहब, दर्द के मारे मेरा सर फटा जा रहा है।

① सुरक्षित रहना ② परहेज़ करना
③ अवशिष्ट रहना ④ पीड़ित होना

48. तुम्हारी बदनामी वहाँ तक फैलेगी।

① अलग रहना ② बाक़ी रहना
③ चर्चा में आना ④ सामना करने में संकोच करना

49. बेटा, झूठ बोलने से हमेशा बचो!

① बराबरी में आना ② अलग रहना
③ फल के रूप में मिलना ④ तह तक जाना

50. मैं आपकी आज्ञा सदा पालूँगा।

① विषय को समझना ② निभाना
③ किसी वस्तु का मिलना ④ हासिल करना

연습문제 VI 정답

1 ② 2 ⑦ 3 ③ 4 ⑧ 5 ⑤ 6 ① 7 ④ 8 ⑩ 9 ⑥ 10 ⑨

11 पहनी जाती 12 पहुँचेंगे 13 पाया था 14 पाला था 15 पीना

16 पूछा 17 फट जाता है 18 फैला था 19 बचा है 20 पढ़ता हूँ

21 पहनना 22 पहुँचना 23 पाया 24 पी रहे थे 25 पूछते हैं

26 फैला था 27 बचेगा 28 फट गई थी 29 पालता 30 पढ़ रहा हूँ

31 ① 32 ② 33 ② 34 ④ 35 ③ 36 ① 37 ① 38 ② 39 ① 40 ④

41 ② 42 ① 43 ③ 44 ② 45 ③ 46 ① 47 ④ 48 ③ 49 ② 50 ②

61-70과

बजना - बोलना

61 बजना

62 बढ़ना

63 बदलना

64 बनना

65 बसना

66 बहना

67 बाँटना

68 बेचना

69 बैठना

70 बोलना

연습문제 VII

बजना

61

산스끄리뜨어의 **वद्** '말하다/소리 내다/연주하다'에서 파생한 명사 **वाद्य** '악기'가 힌디어에서 **बाजा** '악기'의 형태로 변하였으며 **बजना**는 여기에서 나온 동사로서 '(소리가) 울리다'의 의미를 일차적으로 갖는다. 더불어 '시간이 되다', '이름나다', '(타격이) 가해지다' 등의 의미를 표현한다.

1. किसी वस्तु पर चोट करने पर उससे ध्वनि उत्पन्न होना
울리다, 소리 나다, 연주되다

- **यह देखो, कहीं तबला बज रहा है।**
  자 보아라, 어딘가에서 따블라가 울리고 있다.
- **वहाँ नाच होता था, बाजे बजते थे।**
  거기에 춤이 있었다, 악기가 울렸었다.
- **सुबह चार बजे ही यहाँ मंदिर में घंटी बजती है।**
  정확히 아침 4시에 여기 사원에서 종이 울린다.

2. समय होना 시간이 되다

- **अभी कितने बज रहे हैं?**
  지금 몇 시예요?
- **उस समय वहाँ सात बज रहा होगा।**
  그때 그곳은 일곱 시가 되고 있을 것이다.

- घर पहुँचने में मुझे रात के आठ बज जाते हैं।
  집에 도착하는 데에 나는 밤 8시가 된다.

3. प्रसिद्ध होना 이름나다, 유명하다

- सारे देश में उसका नाम बज रहा है।
  온 나라에 그의 이름이 나고 있다.
- बेटा, एक दिन तुम्हारा नाम सारे संसार में बजेगा।
  얘야, 언젠가 너의 이름이 전 세계에 날 것이다.
- सब जगह नरेन्द्र मोदी का डंका बजा हुआ है।
  모든 곳에서 나렌드라 모디가 유명해졌다.

4. अस्त्र-शस्त्र का प्रहार होना (타격이) 가해지다

- पुलिस वालों का डंडा बजेगा।
  경찰들이 방망이로 칠 것이다.
- युद्ध में सैनिकों के बीच तलवार बजते थे।
  전쟁에서 군인들 사이에 칼이 부딪쳤다.
- परिवार के लोगों में लाठी नहीं बजनी चाहिए।
  가족들 사이에 몽둥이로 치는 일이 없어야 한다.

बढ़ना

62

산스끄리뜨어의 वृध् '증가하다'에서 유래한 동사로서 '증가하다/늘어나다'의 의미를 일차적으로 갖는다. 더불어 '자라다', '(앞으로) 나아가다', '나아지다' 등의 의미를 표현한다.

1. किसी चीज़ का पहले से ज़्यादा हो जाना 증가하다, 늘어나다

- इस शहर की जनसंख्या लगातार बढ़ रही है।
  이 도시의 인구가 계속해서 증가하고 있다.
- माँ की ख़ुशी बहुत बढ़ गई है, बहुत दिनों बाद आज बेटा आया है।
  엄마의 기쁨이 매우 커졌다, 오랜만에 오늘 아들이 왔다.
- परिवार के साथ रहूँगा तो यहाँ मेरा ख़र्चा बहुत बढ़ेगा।
  가족과 함께 살면 이곳에서 나의 지출이 매우 늘어날 것이다.

2. पहले से ज़्यादा लंबा या ऊँचा होना 자라다

- ये पेड़ तो बहुत बढ़ गए हैं।
  이 나무는 많이 자랐다.
- अरे, तुम तो बहुत बढ़ गए!
  와, 너는 많이 자랐네!

- बेटियाँ बहुत जल्दी बढ़ जाती हैं।
  딸들이 매우 빨리 자란다.

3. आगे सरकना, चलना 나아가다

- कृपया थोड़ा उस तरफ़ बढ़िए।
  좀 약간 그쪽으로 나아가주세요.
- वह कुछ आगे बढ़ा और फिर बैठ गया।
  그는 다소 앞으로 나아갔다 그리고 다시 앉았다.
- हमारी सेना आगे बढ़ रही है।
  우리 군대가 앞으로 나아가고 있다.

4. उन्नति करना, प्रगति करना 나아지다, 향상하다

- बेटा, ख़ूब बढ़ो, तुम्हें मेरा आशीर्वाद है!
  얘야, 매우 나아지길, 네게 내가 축복한다!
- योजना बना कर चलने वाले बहुत जल्दी आगे बढ़ते हैं।
  계획을 세워서 행동하는 사람들은 매우 빨리 향상한다.
- यह लड़का मेरे देखते-देखते इतना आगे बढ़ गया।
  이 소년은 내가 지켜보는 사이 이렇게나 향상되었다.

बदलना

63

아랍어의 **बदल** '교환'에서 유래한 동사로서 '바뀌다/변하다'의 일차적 의미를 갖는다. 더불어 타동사로 쓰여 '교환하다', '변경하다' 등의 의미를 표현한다.

1. वस्तु का पुराने रूप को छोड़कर नया रूप प्राप्त करना 변하다, 바뀌다

- तुम बहुत बदल गए हो !
  네가 매우 변했다!
- उसका चरित्र कैसे बदलेगा ?
  그의 성품이 어떻게 바뀌겠어?
- आदमी का स्वभाव मुश्किल से ही बदलता है।
  사람의 기질은 어렵게 바뀐다.

2. एक वस्तु देकर दूसरी वस्तु प्राप्त करना 교환하다, 바꾸다

- क्या तुम मुझसे अपनी घड़ी बदलोगे ?
  너는 나와 시계를 바꿀래?
- उन दोनों ने अपनी-अपनी कमीज़ें बदलीं।
  그 둘이 자신들의 셔츠를 교환했다.

- भैया मुझसे अपना कमरा बदल रहे हैं।
  형이 나와 자기 방을 바꿀 것이다.

3. एक को पूरी तरह छोड़कर उसके स्थान पर दूसरा ग्रहण करना
   변경하다, 바꾸다

- मैं अपनी नौकरी बदल रहा हूँ।
  나는 내 직업을 바꾸려고 한다.
- क्या आपने गाड़ी बदली है?
  당신은 차를 바꿨습니까?
- तुम अपना आवास बदलोगे क्या?
  너는 네 거처를 바꿀래?

बनना

64

산스끄리뜨어의 वर्ण् ‘그리다’, 쁘라끄리뜨어의 वण्ण् ‘그려지다’에서 유래한 동사로서 ‘만들어지다’의 의미를 일차적으로 갖는다. 더불어 ‘(새로운 관계가) 되다’, ‘(새로운 상태가) 되다’, ‘(가까운 사이가) 되다’, ‘연기하다’, ‘(사실과 다르게) ~ㄴ 척하다’, ‘(자신이 잘났음을 보여주기 위해) ~ㄴ 척하다’ 등의 의미를 표현한다.

1. अस्तित्व प्राप्त करना, निर्मित होना 만들어지다, 건설되다

- घड़ा मिट्टी से बनता है।

  항아리는 흙으로 만들어진다.

- यह ताजमहल कैसे बना?

  이 따즈마할은 어떻게 만들어졌어요?

- बच्चो! मेहनत करोगे तो अच्छा भविष्य बनेगा।

  얘들아! 노력하면 좋은 미래가 만들어질 것이다.

2. नये संबंध में स्थापित होना (새로운 관계가) 되다

- क्या तुम मेरे भाई बनोगे?

  너는 내 형제가 될래?

- विवाह के बाद सीता राम की पत्नी बनीं।

  결혼 이후에 시따는 람의 부인이 되었다.

• उस दिन के बाद वे दो दोस्त दुश्मन बन गए।

그날 이후 그 두 친구는 적이 되었다.

3. नई या उन्नत अवस्था में स्थित होना (새로운 또는 향상된 상태가) 되다

• यह लड़का जीवन में कुछ बनेगा।

이 소년은 인생에서 무언가 될 것이다.

• शिक्षा की वज़ह से वह इतना बड़ा आदमी बन सका।

교육 덕분에 그는 이만큼이나 위대한 사람이 될 수 있었다.

• बच्चो, पढ़ोगे लिखोगे तो अवश्य बनोगे!

소년들아, 읽거라 쓰거라 그러면 반드시 향상될 것이다!

4. घनिष्ठता होना (가까운 사이가) 되다

• पिछले कुछ दिनों से उन दोनों में ख़ूब बन रही है।

지난 며칠 전부터 그들 둘이 매우 가까워지고 있다.

• मेरी अपने पिता जी से बिल्कुल नहीं बनती है।

나는 내 아버지와 사이가 전혀 가깝지 못하다.

• पढ़ाई तभी हो सकती है जब गुरु-शिष्य में अच्छी बनती हो!

스승과 제자 간에 좋은 관계가 형성될 때 공부가 가능해진다!

5. अभिनय करना 배역을 맡다, 연기하다

• मैं उस नाटक में दुष्यंत बनूँगा।

나는 그 희곡에서 두샨따를 연기할 것이다.

- एक छात्रा उस फ़िल्म में दादी बनी है।

  한 여학생이 그 영화에서 할머니의 역할을 맡았다.

- पिछले साल मेरे चाचा रामलीला में रावण बने थे।

  지난해에 나의 삼촌은 람릴라(람의 삶을 재현한 공연)에서 라반의 역할을 맡았었다.

6. बहाना करना (사실과 다르게) ~ㄴ 척하다

- वह अनजान बनता है।

  그는 모르는 척한다.

- तुम सीधे बनते हो?

  너는 순진한 척하니?

- मैं कुछ नहीं बोला, एक तरह से मूर्ख़ बना रहा।

  나는 아무것도 말하지 않았다, 한편으로 바보인 척했다.

7. स्वयं को श्रेष्ठ दिखाना (자신이 잘났음을 보여주기 위해) ~ㄴ 척하다

- वह बहुत विद्वान बनता है!

  그는 매우 학자인 척한다!

- तू ज़्यादा स्मार्ट न बन!

  너 너무 똑똑한 척하지 마!

- वह बहुत सुंदर बनता है!

  그는 매우 멋진 척한다!

बसना

65

산스끄리뜨어의 वस् '거주하다'에서 유래한 동사로서 '거주하다'의 의미를 일차적으로 갖는다. 더불어 '(머물러) 살다', '정착하다', '가정을 꾸리다', '머물다', '자리 잡다', '배다' 등의 의미를 표현한다.

1. स्थायी रूप से रहना 거주하다, 머물러 살다, 정착하다

- पहले यहाँ जानवर बसते थे।

  전에 여기에 동물들이 살았었다.

- एक दिन आदमी मंगल ग्रह में भी बसेगा।

  어느 날 사람이 화성에도 거주할 것이다.

- मेरा परिवार 1950 में दिल्ली में आकर बसा था।

  나의 가족이 1950 년에 델리에 와서 정착했었다.

2. शादी करके सुखपूर्वक जीवन बिताना (घर '집'과 함께 쓰여) 성가하다, 결혼하여 행복한 가정을 꾸리다

- मेरा घर कब बसेगा?

  내가 언제 가정을 꾸리게 될까?

- मेरी बेटी का घर बस गया।

  나의 딸이 가정을 꾸렸다.

- उसका घर बस गया, ख़ुशी की बात है!

  그가 성가했다, 기쁜 일이다!

3. कुछ समय के लिए कहीं रहना 묵다, 머물다

- चलो, आज यहीं बसते हैं!

  자, 오늘은 여기에서 묵는다!

- तुम वहाँ कितने दिनों तक बसे थे?

  너는 거기에 며칠 동안 묵었었니?

- हम चार-पाँच दिन और यहाँ बसेंगे।

  우리는 대엿새 더 여기에 머물 것이다.

4. स्थापित हो जाना, अंकित हो जाना 자리 잡다, 깃들다, 새겨지다

- उसके मन में तो बस राम का नाम बसा है।

  그의 마음에는 단지 람의 이름만이 자리 잡았다.

- उसकी सूरत मेरी आँखों में बसी है।

  그의 용모가 내 눈에 깃들었다.

- कुछ मंज़र लोगों के मन-मस्तिष्क में बस जाते हैं।

  몇몇 장면은 사람들의 뇌리에 새겨진다.

5. गंध या महक से संपन्न होना (냄새나 향기가) 배다, 스며들다

- तुम्हारे कपड़ों में इत्र बसा है।

  네 옷에 향수가 배었다.

- पूरे घर में ख़ुशबू बस गई है।
  집 전체에 향기가 배었다.
- मेरे मन में तुम्हारी यादों की ख़ुशबू बसेगी।
  내 마음에 너에 대한 기억의 향기가 스며들 것이다.

बहना

66

산스끄리뜨어의 वह् '나르다'에서 유래한 동사로서 '흐르다'의 의미를 일차적으로 갖는다. 더불어 '떠가다', '(바람이) 불다', '(사람이) 탈선하다', '착용하다', '(돈이) 새다' 등의 의미를 갖는다.

1. किसी तरल पदार्थ का आगे बढ़ना (액체가) 흐르다, 흘러가다

- यहाँ कभी सरस्वती नदी बहती थी।
  여기에 한때 사라스와띠 강이 흘렀었다.
- गाँव के चारों ओर पानी बह रहा है।
  마을에 사방으로 물이 흐르고 있다.
- डॉक्टर साहब! कल इसकी नाक से बहुत-सारा ख़ून बहा।
  의사 선생님! 어제 이 사람의 코에서 상당히 많은 피가 흘렀어요.

2. किसी वस्तु का धारा या बहाव के साथ आगे बढ़ना 떠가다, 떠내려가다

- देखो, नदी में नाव बह रही है।
  봐봐, 강에 배가 떠가고 있다.
- उस बाढ़ में हमारा घर बह गया था।
  그 홍수에 우리 집이 떠내려갔었다.

- बाढ़ आए तो पेड़-पौधे सब बह जाएँगे।

  홍수가 오면 수목이 모두 떠내려갈 것이다.

3. हवा का चलना (바람이) 불다

- वहाँ बहुत गंदी हवा बहती थी।

  그곳에 매우 오염된 바람이 불었었다.

- जून-जुलाई के महीनों में दिल्ली में गर्म हवा बहती है।

  6월과 7월에 델리에 뜨거운 바람이 분다.

- इन दिनों इधर बहुत अच्छी हवा बह रही है।

  요즘 이리로 매우 좋은 바람이 불고 있다.

4. चरित्र का बिगड़ना, कुमार्ग में पड़ना (사람이) 탈선하다

- अच्छे लड़के भी कई बार बह जाते हैं।

  착한 소년들도 여러 번 탈선한다.

- गुरु जी, मैं कुछ बह गया था।

  스승님, 제가 좀 탈선했었어요.

- बेटा, किसी ग़लत संगत में बहना नहीं।

  얘야, 어느 나쁜 무리에 탈선하지 마라.

5. शरीर में धारण करना 착용하다

- सैनिक कवच बहते थे।

  병사들이 갑옷을 착용했다.

- तुम हमेशा ये कुंडल क्यों बहते हो ?
  너는 항상 이 귀걸이들을 왜 하니?
- नृत्यांगना ने अपने पैरों पर घुँघरू बह रखे हैं।
  여자 무용수가 자신의 발에 방울로 된 발찌를 하고 있다.

6. ख़र्च हो जाना (돈이) 새다, 빠져나가다

- इतने में ही पाँच हज़ार रुपये बह गए।
  그동안에 오천 루피가 새 나갔다.
- मेरे पति का सारा धन तो शराब में बहता है।
  내 남편의 모든 재산은 술로 새 나간다.
- पता नहीं पैसे कहाँ बह जाते हैं।
  돈이 어디로 빠져나가는지 모르겠다.

बाँटना

67

산스끄리뜨어의 **वण्ट्** '나누다'에서 유래한 동사로서 '나누다'의 의미를 일차적으로 갖는다. 더불어 '나눠주다', '골고루 주다', '(신문 등을) 돌리다', '(임금을) 지급하다' 등의 의미를 표현한다.

1. विभक्त करना, हिस्से करना 나누다

- **अंग्रेज़ी शासन ने भारत को दो हिस्सों में बाँट दिया।**
  영국 정부가 인도를 두 부분으로 나누었다.
- **इस ज़िले को चार तहसीलों में बाँटा जाएगा।**
  이 군(郡)은 네 개의 현(縣)으로 나누어질 것이다.
- **हिन्दी साहित्य इतिहास को चार भागों में बाँटा गया है।**
  힌디어 문학사는 네 부분으로 나누어진다.

2. अंश करके बहुतों को थोड़ा-थोड़ा देना, वितरण करना 나눠주다, 분배하다

- **पुजारी जी मंदिर में प्रसाद बाँट रहे हैं।**
  사제가 사원에서 봉헌물을 나눠주고 있다.
- **इस मिठाई को ले जाओ और बच्चों में बाँट दो!**
  이 당과를 가져가라 그리고 아이들에게 나눠줘라!

- सेठ जी दिवाली के दिन ग़रीबों में कंबल बाँटते थे।
  세트 씨는 디왈리 축젯날에 가난한 자들에게 담요를 나눠주었었다.

3. सब लोगों को पहुँचाना, डालना 골고루 주다, 돌리다

- फ़क़ीर लोगों के बीच ख़ुशियाँ बाँट रहा है।
  성자가 사람들에게 행복을 골고루 주고 있다.
- जाओ, तुम लोगों में यह इश्तहार बाँटो!
  가거라, 너는 사람들에게 이 포스터를 돌려라!
- पूर्व राष्ट्रपति अब्दुल कलाम बचपन में घरों में अख़बार बाँटा करते थे।
  압둘 깔람 전 대통령은 어렸을 때 집마다 신문을 돌리곤 했었다.

4. भुगतान करना 지급하다, 지불하다

- आज के दिन कंपनी में कर्मचारियों को वेतन बाँटा जाता है।
  오늘 날짜로 회사에서 사원들에게 봉급이 지급된다.
- अच्छा, पिछले महीने वेतन बाँटा ही नहीं गया?
  그래, 지난달에 월급이 지급되지 않았어?
- सुना है इस बार एरियर भी बाँटा जाएगा।
  이번에 체납금(arrears)도 지불될 거라고 들었다.

बेचना

68

산스끄리뜨어의 वि-क्री '팔다'에서 유래한 동사로서 '팔다'의 의미를 일차적으로 갖는다. 더불어 비유적으로 '(양심을) 팔다'의 의미도 표현한다.

1. दाम लेकर कोई वस्तु देना (물건을) 팔다, 판매하다

- वह अपनी गाड़ी बेचेगा।

  그가 자기 차를 팔 것이다.

- सुना है कि आप अपना घर बेच रहे हैं।

  당신이 당신 집을 판다고 들었다.

- हमारी माँ बाज़ार में सब्ज़ियाँ बेचती थीं।

  우리 엄마가 시장에서 채소를 팔았었다.

2. स्वार्थसिद्धि के लिए अपने किसी गुण को छोड़ देना या जाने देना (사욕으로 양심을) 팔다

- उसने अपना धर्म बेच दिया है।

  그가 자기 종교를 팔아버렸다.

- मैं इसके लिए अपना ईमान नहीं बेचूँगा।

  나는 이것을 위해 내 양심을 팔지 않을 것이다.

- ये नेता लोग एक दिन हमारा देश ही बेच देंगे।

  이 지도자들은 어느 날 우리나라를 팔아버릴 것이다.

बैठना

69

산스끄리뜨어의 विश् '들어가다/앉다'에서 유래한 동사로서 '앉다'의 의미를 일차적으로 갖는다. 더불어 '(직위에) 오르다', '(탈것에) 타다', '쇠하다', '(선거전에서) 물러나다' 등의 의미를 표현한다. 또한 의미조동사로 쓰여 일의 완성, 갑작스러움, 단호함, 한심함 등을 나타낸다.

1. आसीन होना, स्थित होना (자리에) 앉다

- तुम सोफ़े पर बैठो !

  소파에 앉아라!

- मैं पढ़ने के लिए इस कुर्सी पर बैठता हूँ।

  내가 독서할 때 이 의자에 앉는다.

- वह योग करने के लिए आसन पर बैठा।

  그가 요가 하기 위해 자리에 앉았다.

2. अधिकार ग्रहण करना (직위에) 오르다, 자리하다

- राजा की मृत्यु के बाद उसका बड़ा बेटा गद्दी पर बैठता था।

  왕이 죽으면 그의 큰아들이 옥좌에 올랐었다.

- देखते हैं चुनाव के बाद प्रधानमंत्री के पद पर कौन बैठता है।

  선거 후에 총리 자리에 누가 오르는지 보자.

- मेरे बाद आप इस कुरसी पर बैठेंगे।
  내 이후에 당신이 이 의자에 앉을 것이다.

3. सवारी करना 타다

- वह घोड़े पर बैठा और चल दिया।
  그는 말에 탔다 그리고 떠났다.
- क्या आप कभी पानी जहाज़ पर बैठे हैं?
  당신은 언젠가 배를 타본 적이 있습니까?
- मैं आज पहली बार हवाई जहाज़ पर बैठूँगा।
  나는 오늘 처음으로 비행기를 탈 것이다.

4. नष्ट हो जाना 주저앉다, 쇠하다

- उसका कारोबार बैठ गया।
  그의 사업이 주저앉아 버렸다.
- उसका स्वास्थ्य बैठ गया।
  그의 건강이 쇠해 버렸다.
- क्या करूँ, लगता है कि मेरा भाग्य ही बैठ गया है।
  어떻게 하지, 내 운명이 쇠해 버린 것 같다.

5. चुनाव की लड़ाई से हट जाना (선거전에서) 물러나다, 주저앉다

- चुनाव में चार उम्मीदवार बैठ गए हैं।
  선거에서 네 명의 후보들이 물러났다.

- यदि मेरा भाई चुनाव लड़ेगा तो मैं बैठ जाऊँगा।

  만약 나의 형제가 선거를 치르면 나는 물러날 것이다.

- कई प्रत्याशी चुनाव से पहले बैठ जाएँगे।

  몇몇 후보자들이 선거 이전에 물러날 것이다.

6. **(सहायक क्रिया) किसी कार्य का पूर्णता, आकस्मिकता, दृढ़ता, तुच्छता होना** (의미조동사로 쓰여) 일의 완성, 갑작스러움, 단호함, 한심함 등을 나타낸다.

- अरे, तुम वहाँ जा बैठे।

  어, 네가 거기 가 버렸네.

- हम यह काम कर बैठे।

  우리가 이 일을 해버렸다.

- वह अपनी सारी जवानी यूँ ही गँवा बैठा।

  그는 자신의 모든 젊음을 이처럼 잃어버렸다.

- वह अंततः कुलपति से पूछ ही बैठा।

  그는 결국 교장에게 질문을 해버렸다.

- तुम यह क्या कर बैठे?

  너는 이 무슨 짓을 하고 있니?

बोलना

70

산스끄리뜨어의 वल्ह् '말하다'에서 유래한 동사로서 '말하다'의 의미를 일차적으로 갖는다. 더불어 '대화하다', '소리를 내다', '두드러지다', '허물어지다', '(신에게) 서원하다' 등의 의미를 표현한다.

1. मुँह से सार्थक शब्द निकालना (입으로) 말하다

- तुम बहुत ज़्यादा बोलते हो !
  네가 매우 많이 말하는구나.
- आज वे सभा में कुछ बोले नहीं ।
  오늘 그들은 회의에서 아무것도 말하지 않았다.
- पता नहीं कि वह दिन-भर क्या बोलता रहता है ।
  그가 종일 무엇을 말하고 있는지 모르겠다.

2. बातचीत करना 대화하다, (상대방에게) 말하다

- मैं तुमसे नहीं बोलूँगा ।
  나는 너와 대화하지 않을 것이다.
- मुझसे बोलो न, प्रिये !
  나에게 말해요, 자기야!

• वह अपने भाई से क्यों नहीं बोलता?

그가 자기 형제와 왜 대화하지 않나요?

3. आवाज़ करना 소리를 내다

• कौवा काँव-काँव बोलता है।

까마귀가 까악까악 소리를 낸다.

• सिक्का टन-टन बोल रहा है।

동전이 쨍그랑 소리를 내고 있다.

• कोयल बहुत मीठा बोलती है।

뻐꾸기가 매우 감미롭게 소리를 낸다.

4. विशेष उपस्थिति जतलाना (첨가되거나 포함된 것이) 두드러지다, (자신의 존재를) 드러내다

• इस हलवे में घी बोल रहा है।

이 할와(당과)에는 버터 맛이 두드러진다.

• खीर में मेवे बोल रहे हैं।

죽에 견과 맛이 강하다.

• इन बातों में तुम्हारी योग्यता बोल रही है।

이 일들에서 너의 능력 유능함이 눈에 띄고 있다.

5. दब जाना 낡고 삭아서 허물어지다

• यह कोट बोल रहा है।

이 코트가 낡았다.

- तुम्हारा मकान अब बोलने लगा है।

  너의 집이 이제 낡아서 허물어지기 시작했다.

- यह पुस्तकालय-भवन दो-एक सालों में बोलने लगेगा।

  이 도서관 건물은 일이 년 안에 낡아서 허물어지기 시작할 것이다.

6. भक्तिपूर्वक कुछ प्रतिज्ञा करना (신에게) 서원하다

- तुमने वैष्णो देवी के चरणों में क्या बोला?

  너는 배슈노 여신의 발아래 무엇을 서원했니?

- मैं मंदिर में दो कुंटल चावल बोलूँगा।

  나는 사원에 2 퀸틀(111.6 킬로)의 쌀을 바치기로 서원할 것이다.

- मेरी माँ ने हनुमान मंदिर में जाकर दो सेर लड्डू बोला।

  내 엄마가 하누만 사원에 가서 2 세르(266 그램)의 랏두(당과)를 바치기로 서원했다.

연습문제 VII

☑ [1-10] 주어진 힌디어의 올바른 뜻을 고르시오.

1. बजना	① 울리다
2. बढ़ना	② 흐르다
3. बदलना	③ 만들어지다
4. बनना	④ 거주하다
5. बसना	⑤ 팔다
6. बहना	⑥ 말하다
7. बाँटना	⑦ 증가하다
8. बेचना	⑧ 앉다
9. बैठना	⑨ 나누다
10. बोलना	⑩ 변하다

☑ [11-30] 괄호 안에 적합한 것을 고르시오.

11. मैं मंदिर में दो कुंटल चावल (बदलूँगा, बोलूँगा)।

12. राजा की मृत्यु के बाद उसका बड़ा बेटा गद्दी पर (बैठता था, बजता था)।

13. फ़क़ीर लोगों के बीच ख़ुशियाँ (बदल रहा है, बाँट रहा है)।

14. यहाँ कभी सरस्वती नदी (बहती थी, बनती थी)।

15. मेरी बेटी का घर (बस गया, बढ़ गया)।

16. विवाह के बाद सीता राम की पत्नी (बहीं, बनीं)।

17. उन दोनों ने अपनी-अपनी कमीज़ें (बदलीं, बोलीं)।

18. बेटियाँ बहुत जल्दी (बज जाती हैं, बढ़ जाती हैं)।

19. सुबह चार बजे ही यहाँ मंदिर में घंटी (बजती है, बसती है)।

20. मैं इसके लिए अपना ईमान नहीं (बेचूँगा, बाँटूँगा)।

21. वह कुछ आगे (बसा, बढ़ा) और फिर बैठ गया।

22. तुम बहुत ज़्यादा (बोलते हो, बहते हो)!

23. बाढ़ आए तो पेड़-पौधे सब (बैठ जाएँगे, बह जाएँगे)।

24. एक छात्रा उस फ़िल्म में दादी (बनी है, बेची है)।

25. हम चार-पाँच दिन और यहाँ (बोलेंगे, बसेंगे)।

26. यदि मेरा भाई चुनाव लड़ेगा तो मैं (बह जाऊँगा, बैठ जाऊँगा)।

27. आज के दिन कंपनी में कर्मचारियों को वेतन (बोला जाता है, बाँटा जाता है)।

28. शिक्षा की वज़ह से वह इतना बड़ा आदमी (बन सका, बाँट सका)।

29. युद्ध में सैनिकों के बीच तलवार (बजते थे, बनते थे)।

30. सिक्का टन-टन (बैठ रहा है, बोल रहा है)।

☑ [31-50] 밑줄 친 단어의 동의어를 고르시오.

31. घर पहुँचने में मुझे रात के आठ बज जाते हैं।

① समय होना ② स्थित होना

③ सवारी करना ④ नष्ट हो जाना

32. योजना बना कर चलने वाले बहुत जल्दी आगे बढ़ते हैं।

① ध्वनि उत्पन्न होना ② उन्नति करना

③ समय होना ④ प्रसिद्ध होना

33. आदमी का स्वभाव मुश्किल से ही बदलता है।

① मुँह से शब्द निकालना

② बातचीत करना

③ पुराने रूप को छोड़कर नया रूप प्राप्त करना

④ दब जाना

34. बच्चो ! मेहनत करोगे तो अच्छा भविष्य बनेगा।

① आसीन होना ② निर्मित होना

③ हट जाना ④ नष्ट हो जाना

35. एक दिन आदमी मंगल ग्रह में भी बसेगा।

① लंबा होना ② ज़्यादा हो जाना

③ प्रगति करना ④ स्थायी रूप से रहना

36. बेटा, किसी ग़लत संगत में बहना नहीं।

① प्रसिद्ध होना ② चरित्र का बिगड़ना

③ अस्त्र का प्रहार होना ④ ध्वनि उत्पन्न होना

37. अंग्रेज़ी शासन ने भारत को दो हिस्सों में बाँट दिया।

① हिस्से करना ② मुँह से शब्द निकालना

③ बातचीत करना ④ आवाज़ करना

38. हमारी माँ बाज़ार में सब्ज़ियाँ बेचती थीं।

① अधिकार ग्रहण करना ② सवारी करना

③ दाम लेकर वस्तु देना ④ स्थित होना

39. मैं पढ़ने के लिए इस कुर्सी पर बैठता हूँ।

① उँचा होना ② आसीन होना

③ उन्नति करना ④ चलना

40. तुम्हारा मकान अब <u>बोलने लगा है</u>।

① हिस्से करना ② पहुँचाना

③ दब जाना ④ भुगतान करना

41. बेटा, एक दिन तुम्हारा नाम सारे संसार में <u>बजेगा</u>।

① अस्तित्व प्राप्त करना ② घनिष्ठता होना

③ बहाना करना ④ प्रसिद्ध होना

42. इस शहर की जनसंख्या लगातार <u>बढ़ रही है</u>।

① निर्मित होना ② ज़्यादा हो जाना

③ स्वयं को श्रेष्ठ दिखाना ④ अभिनय करना

43. क्या तुम मुझसे अपनी घड़ी <u>बदलोगे</u>?

① एक वस्तु देकर दूसरी वस्तु प्राप्त करना

② दब जाना

③ भक्तिपूर्वक प्रतिज्ञा करना

④ आवाज़ करना

44. मेरी अपने पिता जी से बिल्कुल नहीं <u>बनती है</u>।

① स्थायी रूप से रहना ② कुछ समय के लिए रहना

③ घनिष्ठता होना ④ स्थापित हो जाना

45. कुछ मंज़र लोगों के मन-मस्तिष्क में <u>बस जाते हैं</u>।

① कुमार्ग में पड़ना ② अंकित हो जाना

③ शरीर में धारण करना ④ ख़र्च हो जाना

46. नृत्यांगना ने अपने पैरों पर घुँघरू बह रखे हैं।

① सुख़पूर्वक जीवन बिताना ② अंकित हो जाना

③ धारण करना ④ महक से संपन्न होना

47. इस मिठाई को ले जाओ और बच्चों में बाँट दो!

① बेचना ② वितरण करना

③ बदलना ④ अपने गुण को छोड़ देना

48. मैं आज पहली बार हवाई जहाज़ पर बैठूँगा।

① आगे बढ़ना ② हवा का चलना

③ सवारी करना ④ चरित्र का बिगड़ना

49. वह अपने भाई से क्यों नहीं बोलता?

① बातचीत करना ② विभक्त करना

③ वितरण करना ④ डालना

50. उसका कारोबार बैठ गया।

① नष्ट हो जाना ② ख़र्च हो जाना

③ धारण करना ④ आगे बढ़ना

연습문제 VII 정답

1 ① 2 ⑦ 3 ⑩ 4 ③ 5 ④ 6 ② 7 ⑨ 8 ⑤ 9 ⑧ 10 ⑥

11 बोलूँगा 12 बैठता था 13 बाँट रहा है 14 बहती थी 15 बस गया

16 बनीं 17 बदलीं 18 बढ़ जाती हैं 19 बजती है 20 बेचूँगा

21 बढ़ा 22 बोलते हो 23 बह जाएँगे 24 बनी है 25 बसेंगे

26 बैठ जाऊँगा 27 बाँटा जाता है 28 बन सका 29 बजते थे 30 बोल रहा है

31 ① 32 ② 33 ③ 34 ② 35 ④ 36 ② 37 ① 38 ③ 39 ② 40 ③

41 ④ 42 ② 43 ① 44 ③ 45 ② 46 ③ 47 ② 48 ③ 49 ① 50 ①

71-80과

भरना - रखना

71 भरना

72 भागना

73 भूलना

74 भेजना

75 मरना

76 माँगना

77 मानना

78 मारना

79 मिलना

80 रखना

연습문제 VIII

भरना

71

산스끄리뜨어의 भृ '채우다'에서 유래한 동사로서 '채우다/차다'의 의미를 일차적으로 갖는다. 더불어 '(직위나 자리를) 채우다/채워지다', '(서류에) 기입하다', '(감정으로) 가득 차다', '(가축이) 임신하다', (몸이 통증으로) 가득 차다', '갚다' 등의 의미를 표현한다.

1. बरतन आदि के ख़ाली जगह को किसी चीज़ से पूरा कर देना या पूर्ण होना (장소 또는 공간에) 채우다, 차다

- तालाब पानी से भरा है।

  연못이 물로 (가득) 찼다.

- पूरा सभाभवन लोगों से भरा था।

  회의장 전체가 사람들로 (가득) 찼었다.

- इस घड़े में पानी भर दो।

  이 항아리에 물을 채워라.

2. पद आदि में नियुक्ति करके स्थान की पूर्ति करना या पूर्ति होना (직위 또는 자리에) 채우다, 채워지다

- इस बार कई सारी सीटें भरीं नहीं।

  이번에 많은 자리들이 채워지지 않았다.

- विश्वविद्यालय में अध्यापक के सारे पद भर गए हैं।
  대학에 교수직의 모든 자리가 채워졌다.
- पता नहीं कि सरकार इन पदों को कब भरेगी?
  정부가 이 직위들을 언제 채울 것인지 모르겠다.

3. सूचनाएँ अंकित करना (서류에) 기입하다, 작성하다

- मैं नौकरी के लिए फ़ॉर्म भर रहा हूँ।
  나는 직업을 위해 서류에 기입하고 있다.
- तुम बीज़ा का फ़ॉर्म भर रहे हो।
  너는 비자 서류에 기입하고 있다.
- तुम ये काग़ज़ क्यों भर रहे हो?
  너는 이 서류들을 왜 작성하고 있니?

4. किसी मानसिक आवेग से युक्त होना (화 또는 기쁨으로) 가득 차다

- वह पहले से ही भरा बैठा था।
  그는 전부터 화가 나 있었다.
- तुम तो हमेशा भरे ही रहते हो?
  너는 항상 화가 나 있구나?
- मेरा मन उत्साह से भरा है।
  나의 마음은 열정으로 차 있다.

5. मादा पशु का गर्भ धारण करना (가축이) 임신하다

- घोड़ी किस मौसम में भरती है?
  말이 어느 계절에 임신합니까?
- यह गाय पिछले महीने ही भरी है।
  이 암소는 지난달에 임신했다.
- यह भैंस शायद एक साल बाद भरेगी।
  이 물소는 아마도 일 년 후에 임신할 것이다.

6. अंग में पीड़ा का अनुभव करना (몸에) 아픔을 느끼다

- दर्द से शरीर भर गया है।
  몸이 통증으로 아파졌다.
- चलते-चलते मेरे पाँव भर गए हैं।
  걷다 보니 내 발이 아파졌다.
- तुम्हारे व्यवहार से मेरा मन भर गया।
  너의 행동으로 내 마음이 아파졌다.

7. चुकता करना 갚다, 청산하다

- जैसा करोगे वैसा भरोगे।
  하는 대로 갚게 될 것이다.
- मैंने बैंक का सारा ऋण भर दिया है।
  내가 은행 빚을 모두 갚았다.

भागना

72

산스끄리뜨어의 भाज् '달아나게 하다'에서 유래한 동사로서 '도망가다'의 의미를 일차적으로 갖는다. 더불어 '내달리다', '회피하다', '멀리하다' 등의 의미를 표현한다.

1. भय की स्थिति में बचने के उद्देश्य से दौड़ पड़ना
내빼다, 도망가다, 내달리다

- पुलिस को देखकर चोर भाग गए।
  경찰을 보고서 도둑이 내뺐다.
- देखना, प्रधानाचार्य के आते ही बच्चे भागेंगे।
  봐라, 교장이 오자마자 아이들이 도망갈 것이다.
- शिकारी को सामने देखकर हिरण भाग रहे हैं।
  사냥꾼을 앞에서 보고 사슴들이 내달려가고 있다.

2. पीछा छुड़ाना, जी चुराना, बचने का प्रयास करना 회피하다

- तुम अपने कर्तव्य से भागो मत!
  너는 자신의 의무를 회피하지 마라!
- हमें कठिन काम से भागना नहीं चाहिए।
  우리는 어려운 일을 회피하지 않아야 한다.

- देखो, दादी का ख़्याल तुम्हें ही रखना है, तुम ऐसे भाग नहीं सकते !

  이봐, 네가 할머니를 신경 써야 한다, 너는 이렇게 회피할 수 없다!

3. किसी कर्म, व्यक्ति, चीज़ को बुरा समझकर उससे दूर रहना 멀리하다

- तुम मुझसे क्यों भागते हो ?

  너는 나를 왜 멀리하니?

- मैं शराब से भागता था।

  내가 술을 멀리했었다.

- वह स्त्रियों से हमेशा भागता है।

  그는 여인들을 항상 멀리한다.

भूलना

73

산스끄리뜨어의 **विह्वल्** '혼란되다', 쁘라끄리뜨어의 **भुल्ल** '잊다'에서 유래한 동사로서 '잊다'의 의미를 일차적으로 갖는다. 더불어 '의기양양해하다', '(물건을) 잃다', '(의무 등을) 잊다', '잘못된 길로 들어서다' 등의 의미를 표현한다.

1. विस्मृत कर देना (기억을) 잊다

- मैं तुम्हारा नाम भूल गया था।

  내가 너의 이름을 까먹었었다.

- क्या तुम उस घटना को भूल गए?

  네가 그 사건을 잊어버렸니?

- हम आपके इस उपकार को कभी नहीं भूलेंगे।

  우리가 당신의 이 은혜를 결코 잊지 않을 것입니다.

2. इतराना, किसी उपलब्धि पर गर्वित रहना (자만심으로) 의기양양해하다

- वह अपनी सुंदरता पर भूली हुई है।

  그녀는 자신의 미모에 심취해 있다.

- अपनी संपत्ति पर ज़्यादा मत भूलो, मेरे दोस्त!

  자신의 재산에 너무 도취하지 말아요, 내 친구여!

- बेटे को नौकरी मिल गई, वे इसी बात पर बहुत भूले हुए हैं।
  아들이 직업을 얻었다, 그분은 이것으로 대단히 의기양양해 있다.

3. गुम कर देना (물건을) 잃다

- तुम हमेशा अपनी चीज़ें भूलकर आते हो।
  너는 항상 네 물건을 잃고 온다.
- पिताजी फिर कहीं चश्मा भूल गए!
  아버지께서 또 어딘가에 안경을 잃어버렸다.
- मैं अपनी साइकिल कहीं भूल गया हूँ।
  내가 내 자전거를 어딘가에 잃어버렸다.

4. कर्तव्य न करना, विचलित हो जाना (의무 등을) 잊다

- अपनी प्रतिज्ञा को मत भूलो!
  자신의 다짐을 잊지 마라!
- तुम अपने कर्तव्य भूलकर शराब के नशे में रह रहे हो।
  너는 자신의 의무를 잊고서 술에 취해 지낸다.
- वह माँ-बाप के प्रति अपना फ़र्ज़ भूलकर विदेश में सुखपूर्वक रह रहा है।
  그는 부모님에 대한 자신의 본분을 잊고 외국에서 행복하게 지내고 있다.

5. बहकावे में आना, बहक जाना 잘못된 길로 들어서다, (속임수에) 빠지다

- बेटा, दूसरों के बातों में मत भूलना!
  아들아, 다른 사람들의 말에 빠지지 마라!

- मैं उन दिनों उसकी बातों में भूला हुआ था।

  네가 그 당시에 그의 이야기에 속았었다.

- वह सीधा है, किसी चालाक व्यक्ति की बातों में भूल सकता है।

  그는 순진하다, 어떤 교활한 사람의 말에 빠질 수 있다.

भेजना

74

산스끄리뜨어의 व्रज् '가다'에서 유래한 동사로서 '(사람을) 보내다'의 의미를 일차적으로 갖는다. 더불어 '(물건을) 부치다'의 의미도 표현한다.

1. किसी को कहीं जाने में प्रवृत्त करना (사람을) 보내다

- माँ ने बेटे को बाज़ार भेजा।
  엄마가 아들을 시장에 보냈다.
- वह अपने सहायक को मेरे पास भेज रहा है।
  그가 자기 조수를 나에게 보내고 있다.
- हम अपनी बेटी को अकेले नहीं भेजेंगे।
  우리가 딸을 혼자 보내지 않을 것이다.

2. किसी संचार माध्यम से पहुँचाए जाने का प्रबंध करना (물건 등을) 부치다, 보내다

- तुमने वह चिट्ठी भेजी?
  나는 그 편지를 부쳤니?
- कृपया रिपोर्ट भेज दीजिए।
  보고서를 좀 보내주세요.

- मैं तुम्हारे लिए कुरियर से मिठाई भेजूँगा।

  내가 너를 위해 택배원을 통해 당과를 보낼 것이다.

मरना

75

산스끄리뜨어의 मृ '죽다'에서 유래한 동사로서 '죽다'의 의미를 일차적으로 갖는다. 더불어 '넋을 잃다', '(감각이나 감정이) 사그라들다', '(식물이) 시들다', '고생하다' 등의 의미를 표현한다. 또한 의미조동사로 쓰여 부적절함, 무례함, 희생적으로 수행함 등의 의미를 나타낸다.

1. प्राण का सदा के लिए निकल जाना, जान निकलना
죽다, 사망하다, 목숨을 잃다

- मेरा घोड़ा मर गया।
  나의 말이 죽어버렸다.
- उस दुर्घटना में दस लोग मरे।
  그 사건으로 열 명이 사망했다.
- तंबाकू के प्रयोग से हज़ारों लोग रोज़ मरते हैं।
  담배를 피워서 수천 명의 사람들이 매일 목숨을 잃는다.

2. प्रेम में विह्वल होना (사랑에) 넋을 잃다, 정신이 나가다

- मैं उस लड़की पर मरता था।
  내가 그 소녀에게 넋이 나갔었다.
- भैया उन दिनों भाभी पर मरते थे।
  형이 그때 형수님에게 빠졌었다.

- लगता है कि तुम उस कोरियाई लड़के पर मरती हो।

  네가 그 한국인 소년에게 넋을 잃은 듯하구나.

3. न रह जाना, रहित होना (감각이나 감정이) 가시다, 사그라들다

- चाय पीने से भूख मर जाती है।

  차를 마시면 배고픔이 가셔진다.

- दूध से मेरी प्यास नहीं मरेगी।

  우유로 내 갈증이 가시지 않을 것이다.

- पत्नी के व्यवहार के कारण पति का मन मर गया।

  아내의 행동 때문에 남편의 애정이 식어버렸다.

4. मुरझाना, कुम्हलाना (식물이) 시들다, 마르다

- ये फूल क्यों मर रहे हैं?

  이 꽃들이 왜 시들고 있어요?

- पानी न मिलने से पौधे मर रहे हैं।

  물이 없어서 묘목이 시들고 있다.

- कभी-कभी ज़्यादा धूप में भी फ़सल मर जाती है।

  때로 강한 햇볕에도 농작물이 말라 버린다.

5. बहुत अधिक दुःख भोगना 고생하다, 고통받다

- हम तो तुम्हारे इंतज़ार में मर गए।

  우리는 너를 기다리느라 고생했다.

- तुम सूद चुकाते-चुकाते मर जाओगे।

  너는 이자를 갚고 갚느라 고생할 것이다.

- लगता है कि ये लड़के काम के बोझ से मर जाएँगे।

  이 소년들은 일의 부담으로 고생할 것 같다.

6. **(सहायक क्रिया) किसी क्रिया का अयोग्यता, अभद्रता या त्याग के साथ संपन्न होना** (의미조동사로 쓰여) 부적절함, 무례함, 희생적으로 수행함 등의 의미를 나타낸다.

- तू कहाँ जा मरा?

  네가 어디에 가 버렸니?

- वह आख़िर वहाँ जा मरा।

  그가 결국 거기에 가 버렸다.

- सन्यासी जी, आप यहाँ कैसे आ मरे?

  수행자여, 당신이 어떻게 여길 오셨나요?

- मैं अपने हक़ के लिए लड़ मरा।

  내가 나의 권리를 위해 싸웠다.

- न चाहते हुए भी वह काम कर मरा।

  원하지 않았음에도 그는 일을 했다.

माँगना

76

산스끄리뜨어의 मार्ग् '요청하다'에서 유래한 동사로서 '요구하다'의 의미를 일차적으로 갖는다. 더불어 '주문하다', '구걸하다', '(결혼을) 청하다' 등의 의미를 표현한다.

1. किसी को अपने लिए कुछ देने को कहना (달라고) 요구하다

- तुमने मुझसे मेरा छाता माँगा था।

  네가 나에게 내 우산을 요구했었다.

- वे आपसे किताबें माँगेंगे।

  그가 당신에게 책을 요구할 것이다.

- बेटा माँ से क्या माँग रहा है?

  아들이 엄마에게 무엇을 요구하고 있나요?

2. प्रस्तुत करने के लिए कहना 신청하다, 주문하다

- छात्र ने दुकानदार से पुस्तक माँगी।

  학생이 가게주인에게 책을 신청했다.

- विश्वविद्यालय ने प्रोफ़ेसर के पद के लिए आवेदन माँगे हैं।

  대학이 교수채용 공고를 냈다.

- मैं दूधवाले से पार्टी के लिए 50 किलो दूध माँगूँगा।
  내가 우유 장수에게 파티를 위해 우유를 50 킬로그램 주문할 것이다.

3. हाथ पसारकर याचना करना 구걸하다

- देखो, भिखारी तुम से कुछ माँग रहा है।
  봐라, 걸인이 너에게 무언가 구걸하고 있다.
- प्राचीन काल में ब्रह्मचारी घरों में जाकर भिक्षा माँगते थे।
  옛날에 어린 수행자들은 가가호호 동냥을 빌었었다.
- पढ़ोगे नहीं तो भीख माँगोगे, बेटा!
  공부하지 않으면 구걸하게 될 것이다, 얘야!

4. विवाह-संबंध का प्रस्ताव देना (결혼을) 청하다

- हम अपने बेटे के लिए आपकी कन्या का हाथ माँगते हैं।
  우리는 우리 아들과 당신 딸과의 혼인을 청합니다.
- वे तुम्हारे घर रिश्ता माँगने आ रहे हैं।
  그들이 너의 집에 구혼하러 갈 것이다.
- तुम मेरे माता-पिता से मेरा हाथ कब माँगोगे?
  너는 내 부모에게 나와의 결혼을 언제 청할래?

मानना

77

산스끄리뜨어의 **मान्** '존경하다'에서 유래한 동사로서 '인정하다'의 의미를 일차적으로 갖는다. 더불어 '존경하다', '받들다', '믿다', '(신 앞에서 공양을) 서언하다', '받아들이다', '마음을 누그러트리다' 등의 의미를 표현한다.

1. स्वीकार करना, ठीक समझना 인정하다, 여기다

- **मैं तुम्हें अच्छा आदमी मानता था।**
  나는 너를 좋은 사람이라고 여겼었다.
- **पिता जी नहीं मानते कि मैं जीवन में कुछ अच्छा कर पाऊँगा।**
  아버지는 내가 인생에서 무엇인가 잘 할 수 있으리라고 여기지 않으신다.
- **अब तो विरोधी भी मानते हैं कि नरेन्द्र मोदी भारत के सर्वाधिक लोकप्रिय नेता हैं।**
  이제 반대자들도 나렌드라 모디가 인도의 가장 인기 있는 지도자라고 인정한다.

2. आदरभाव रखना, आदरभाव के रूप में स्वीकार करना 존경하다, 받들다, 따르다

- **भारत में लोग साधु-संतों को बहुत मानते हैं।**
  인도에서 사람들은 성인들을 매우 존경한다.

- मैं तो आपको भगवान मानता था।

  내가 당신을 신으로 받들었었죠.

- वह अपने बड़े भाई को बहुत मानता है।

  그는 자신의 형을 매우 따른다.

3. **विश्वास करना** 믿다, 신봉하다

- मैं ईश्वर को मानता हूँ।

  나는 신을 믿습니다.

- कोरिया में बहुत लोग बौद्ध धर्म को मानते हैं।

  한국에서 많은 사람들이 불교를 믿는다.

- क्या प्राचीन भारत में लोग भूत-प्रेतों को मानते थे?

  고대 인도에서 사람들이 귀신들을 믿었었습니까?

4. **देवी-देवता के आगे मन्नत करना** (신 앞에서 공양을) 결심하다, 서언하다

- उसने हनुमान जी को सवा किलो लड्डू माना है।

  그가 하누만 신에게 랏두(당과)를 1.25 킬로 바치기로 결심했다.

- मैं इस काम के लिए काली माँ को बकरा मानूँगा।

  내가 이 일을 위해 깔리 여신에게 염소를 바치기로 서언할 것이다.

- क्या तुमने मंदिर में जाकर देवता को कुछ माना था?

  너는 사원에 가서 신에게 무언가 공양을 서언했었니?

5. राज़ी होना, गुस्सा छोड़ना 받아들이다, 마음을 누그러트리다

- आशा है कि नेता जी मान जाएँ और इस्तीफ़ा वापस लें।

  지도자께서 받아들이시고 사퇴를 철회하길 바랍니다.

- बेटा, बात को समझो और मान जाओ!

  얘야, 말을 이해하고 마음을 누그러트려라!

- पिता जी नाराज़ चल रहे थे, लेकिन अब मान गए हैं?

  아버지가 화나셨었다 그런데 지금은 누그러지셨나요?

मारना

78

산스끄리뜨어의 **मार** '죽임'에서 유래한 동사로서 '죽이다'의 의미를 일차적으로 갖는다. 더불어 '때리다', '사냥하다', '(발로) 차다', '(침으로) 쏘다', '(화살이나 총을) 쏘다', '바둥거리다' 등의 의미를 표현한다.

1. किसी के जीवन को ख़त्म करना 죽이다

- **राम ने रावण को मारा था।**
  람이 라반을 죽였었다.
- **आतंकवादी बेगुनाह लोगों को मारते हैं।**
  테러리스트들이 무고한 사람들을 죽인다.
- **कुछ दवाएँ ज़हरीले कीड़ों को मारती हैं।**
  어떤 약들은 독충들을 죽인다.

2. पीटना 때리다

- **मम्मी, भैया मुझे मार रहा है!**
  엄마, 형이 나를 때리고 있어요!
- **पहले अध्यापक लोग बच्चों को मारते थे।**
  예전에 선생님들이 학생들을 때렸었다.

• तुमने अपनी छोटी बहन को क्यों मारा?

너는 네 여동생을 왜 때렸니?

3. शिकार करना 사냥하다, 잡다

• हम तालाब में मछलियाँ मारते हैं।

우리는 저수지에서 물고기를 잡는다.

• राजा लोग जंगल में शेर और हिरन मारा करते थे।

왕들이 정글에서 사자와 사슴을 사냥하곤 했었다.

• आदिवासी लोग कबूतर मार रहे हैं।

원주민들이 비둘기를 잡고 있다.

4. जीव-जंतुओं का किसी अंग से प्रहार करना (발로) 차다, (침으로) 쏘다

• यह गाय लात मारती है।

이 암소는 발길질한다.

• मुझे बिच्छू ने यहाँ डंक मारा।

나를 전갈이 여기에서 쏘았다.

• उधर मत जाओ, घोड़ा लात मारेगा!

그쪽으로 가지 마라, 말이 발길질할 것이다!

5. किसी हथियार को चलाना 쏘다, 발사하다

• राजा ने शत्रु पर तीर मारा।

왕이 적에게 화살을 쏘았다.

• मेघनाथ ने लक्ष्मण को तीर मार कर बेहोश कर दिया।

메그나트가 락슈만에게 화살을 쏘아서 혼절시켰다.

- पुलिस वाले ने उपद्रव करने वालों को गोली मारी।

  경찰이 폭동을 일으키는 사람들에게 총을 발사했다.

6. कुछ परिणाम प्राप्त करने के लिए अंगों को इधर-उधर करना

바둥거리다, 휘젓다

- वह छूटने के लिए हाथ-पाँव मार रहा है।

  그가 벗어나기 위해서 손발을 바둥거리고 있다.

- चिड़िया उड़ने के लिए पर मारती है।

  새가 날기 위해서 날개를 휘젓는다.

- रहने दो, अब इस छोटी-सी चीज़ को पाने के लिए कितना हाथ-पाँव मारोगे?

  내버려 둬, 이제 이 자그마한 것을 얻기 위해 얼마나 손발을 바둥거릴래?

मिलना

79

산스끄리뜨어의 **मिल्** '만나다'에서 유래한 동사로서 '만나다'의 의미를 일차적으로 갖는다. 더불어 '섞이다', '받다', '얻다', '합치다', '닮다', '연결되다' 등의 의미를 표현한다.

1. भेंट करना 만나다

- हम कुलपति से मिले।

  우리가 총장님과 만났다.

- तुम मुझसे कहाँ मिलोगे?

  너는 나와 어디에서 만날래?

- आज शाम शिक्षक संघ के नेता शिक्षा मंत्री से मिलेंगे।

  오늘 저녁에 교육자협회장이 교육부 장관과 만날 것이다.

2. मिश्रित होना 섞이다, 혼합되다

- दूध में चीनी मिली है।

  우유에 설탕이 섞였다.

- इस दूध में पानी मिला है।

  이 우유에 물이 섞였다.

- क्या इस में नमक मिला है?
  여기에 소금이 혼합되었나요?

3. प्राप्त होना 받다, 얻다

- मुझे आपका बहुत प्यार मिला।
  내가 당신의 사랑을 많이 받았다.
- क्या आपको हमारी चिट्ठी मिली?
  당신은 우리 편지를 받았습니까?
- यहाँ शराब नहीं मिलती।
  여기에서는 술을 못 구한다.

4. एक साथ होना 합치다, 뭉치다, 연합하다

- वे दो अब फिर मिल गए हैं।
  그 두 명이 지금 다시 합쳤다.
- देश के लिए अब हमें आपस में मिल जाना चाहिए।
  나라를 위해 이제 우리는 서로 뭉쳐야만 한다.
- अपने स्वार्थ के लिए विरोधी लोग भी मिल जाते हैं।
  자신의 시욕을 위해 반대편의 사람들도 연합한다.

5. समान होना 닮다, 비슷하다, 같다

- तुम्हारा चेहरा मेरी बहन से मिलता है।
  네 얼굴은 나의 누이와 닮았다.

- उनका स्वभाव हमसे नहीं मिलता।

  그의 성품은 우리와 같지 않다.

- तुम्हारी बात बहुत कुछ मेरी बात से मिलती है।

  네 말이 상당히 나의 말과 비슷하다.

6. जुड़ना 연결되다, 이어지다, 붙다

- उस जगह ये दोनों सड़कें मिलती हैं।

  그 장소에서 이 두 개의 길은 연결된다.

- गंगा और यमुना कहाँ मिलती हैं?

  강가강과 야무나강은 어디에서 이어집니까?

- भारत की सीमाएँ सात देशों से मिलती हैं।

  인도의 국경은 일곱 개의 나라들과 붙어 있다.

रखना

80

산스끄리뜨어의 **रक्ष्** '지키다'에서 유래한 동사로서 '두다'의 의미를 일차적으로 갖는다. 더불어 '고용하다', '맡겨 두다', '모아 두다', '내놓다', '미루다' 등의 의미를 표현한다. 또한 의미조동사로 쓰여 보전함을 나타낸다.

1. किसी आधार पर स्थापित करना 놓다, 두다

- **लो, यह मोबाइल टेबल पर रख दो।**
  받아, 이 핸드폰을 테이블 위에 놓아둬라.
- **तुमने मेरी किताब कहाँ रखी है?**
  너는 내 책을 어디에 두었니?
- **मैं इस शर्ट को अलमारी में रखता हूँ।**
  나는 이 셔츠를 장롱에 둔다.

2. किसी व्यक्ति को किसी काम के लिए नियुक्त करना 고용하다

- **हमने खेत के काम के लिए पाँच नौकर रखे हैं।**
  우리가 농사일을 위해서 일꾼을 다섯 고용했다.
- **आप अपने ऑफ़िस में कितने कर्मचारी रखेंगे?**
  당신은 당신 사무실에 사무원을 몇 명 고용할 것입니까?

• घर पर दादा जी की सेवा के लिए मैं एक परिचारिका रख दूँगा।

집에 할아버지를 보살피기 위해 내가 여간호인을 하나 고용할 것이다.

3. किसी के पास कोई चीज़ छोड़ना 맡겨 두다

• यह संदूक़ चाचा जी के पास रख दो।

이 상자를 삼촌에게 맡겨 두어라.

• मैं अपना सामान आपके यहाँ रखकर जाऊँगा।

제가 제 짐을 당신 집에 맡겨 두고 갈게요.

• मैं अपना दिल तुम्हारे पास रखकर आया हूँ।

나는 내 마음을 너에게 맡겨 두고 왔다.

4. संग्रह करना 모아 두다, 갖춰 두다, 갖다 놓다

• मेरे पास तुम्हारी सारी चिट्ठियाँ रखी हैं।

내 곁에 너의 모든 편지들을 모아 두었다.

• इसने दुकान में घर के काम की सारी चीज़ें रखी हैं।

이 사람이 가게에 집에 필요한 모든 물건들을 갖춰 두었다.

• क्या आप दुध भी रखते हैं?

당신 (가게에서) 우유도 갖다 놓았나요?

5. प्रस्तुत करना 내놓다

• मैंने उनके सामने अपनी बात रखी।

내가 그들 앞에 나의 이야기를 내놓았다.

- छात्रनेता कुलपति के पास छात्रों की समस्याएँ रखता है।

  학생회장이 총장에게 학생들의 문제들을 내놓는다.

- हम यह प्रस्ताव उनके पास रखेंगे।

  우리가 이 제안을 그분에게 내놓을 것이다.

6. **स्थगित करना** 미루다

- इसका निर्णय अब कल पर रखते हैं!

  이것의 결정을 이제 내일로 미룬다!

- हमने इस बारे में सोचने का काम पिता जी पर रखा है।

  우리는 이것에 관해 생각하는 일을 아버지에게 미루었다.

- हम इस बात को आप पर रखते हैं।

  우리는 이 일을 당신에게 미룬다.

7. **(सहायक क्रिया) किसी व्यक्ति या वस्तु की एक ऐसी परिधि में लाना कि वह जाने या निकलने न पाए** (의미조동사로 쓰여) 어떤 사람이나 물건 등을 붙들어 두거나 보전함을 나타낸다.

- मैंने यह सोच रखा है।

  내가 이것을 생각해 두었다.

- छात्रों को अभी रोके रखो।

  학생들을 지금 붙들어 두어라.

- बॉस ने ऑफ़िस में मुझे बहुत दबा रखा है।

  보스가 사무실에서 나를 매우 눌러 놓았다.

연습문제 VIII

☑ [1-10] 주어진 힌디어의 올바른 뜻을 고르시오.

1. भरना	① 보내다
2. भागना	② 인정하다
3. भूलना	③ 차다
4. भेजना	④ 죽다
5. मरना	⑤ 만나다
6. माँगना	⑥ 도망가다
7. मानना	⑦ 두다
8. मारना	⑧ 잊다
9. मिलना	⑨ 죽이다
10. रखना	⑩ 요구하다

☑ [11-30] 괄호 안에 적합한 것을 고르시오.

11. दूध में चीनी (मरी है, मिली है)।

12. मैं इस शर्ट को अलमारी में (रखता हूँ, माँगता हूँ)।

13. कुछ दवाएँ ज़हरीले कीड़ों को (मारती हैं, मानती हैं)।

14. मैं तुम्हें अच्छा आदमी (मानता था, रखता था)।

15. मैं दूधवाले से पार्टी के लिए 50 किलो दूध (माँगूँगा, मानूँगा)।

16. चाय पीने से भूख (मर जाती है, भर जाती है)।

17. हम अपनी बेटी को अकेले नहीं (मारेंगे, भेजेंगे)।

18. मैं अपनी साइकिल कहीं (भाग गया हूँ, भूल गया हूँ)।

19. शिकारी को सामने देखकर हिरन (भूल रहे हैं, भाग रहे हैं)।

20. पूरा सभाभवन लोगों से (भरा था, भागा था)।

21. मैं इस काम के लिए काली माँ को बकरा (भरूँगा, मानूँगा)।

22. हमने इस बारे में सोचने का काम पिता जी पर (भूला है, रखा है)।

23. देश के लिए अब हमें आपस में (मिल जाना, भेज जाना) चाहिए।

24. मुझे बिच्छू ने यहाँ डंक (मरा, मारा)।

25. प्राचीन काल में ब्रह्मचारी घरों में जाकर भिक्षा (माँगते थे, भेजते थे)।

26. हम तो तुम्हारे इंतज़ार में (मर गए, मार गए)।

27. मैं तुम्हारे लिए कुरियर से मिठाई (रखूँगा, भेजूँगा)।

28. तुम अपने कर्तव्य (भूलकर, माँगकर) शराब के नशे में रह रहे हो।

29. मैं शराब से (भागता था, मिलता था)।

30. चलते-चलते मेरे पाँव (भर गए हैं, मिल गए हैं)।

☑ [31-50] 밑줄 친 단어의 동의어를 고르시오.

31. मैं नौकरी के लिए फ़ॉर्म भर रहा हूँ।

① दूर रहना ② पीछा छुड़ाना
③ सूचनाएँ अंकित करना ④ दौड़ना

32. पुलिस को देखकर चोर भाग गए।

① पूरा करना ② गर्भ धारण करना
③ चुकता करना ④ दौड़ पड़ना

33. हम आपके इस उपकार को कभी नहीं भूलेंगे।

① विस्मृत करना ② दूर रहना
③ दौड़ना ④ बचने का प्रयास करना

34. वह अपने सहायक को मेरे पास भेज रहा है।

① विस्मृत करना ② गर्वित रहना
③ गुम कर देना ④ कहीं जाने में प्रवृत्त करना

35. उस दुर्घटना में दस लोग मरे।

① समान होना ② जान निकलना
③ जुड़ना ④ एक साथ होना

36. तुमने मुझसे मेरा छाता माँगा था।

① देने को कहना ② पूरा करना
③ मानसिक आवेग से युक्त होना ④ पीड़ा का अनुभव करना

37. कोरिया में बहुत लोग बौद्ध धर्म को मानते हैं।

① विश्वास करना ② याचना करना
③ विवाह संबंध का प्रस्ताव देना ④ प्रस्तुत करने के लिए कहना

38. राजा लोग जंगल में शेर और हिरन मारा करते थे।

① विश्वास करना ② शिकार करना
③ आदरभाव रखना ④ स्वीकार करना

39. तुम मुझसे कहाँ मिलोगे?

① विचलित होना ② बहक जाना
③ भेंट करना ④ गुम कर देना

40. मैंने उनके सामने अपनी बात रखी।

① प्रस्तुत करना ② स्वीकार करना
③ देवी-देवता के आगे मन्नत करना ④ राज़ी होना

41. मैंने बैंक का सारा ऋण भर दिया है।

① शिकार करना ② चुकता करना

③ पीटना ④ जीवन को ख़त्म करना

42. हमें कठिन काम से भागना नहीं चाहिए।

① संग्रह करना ② प्रस्तुत करना

③ जी चुराना ④ स्थगित करना

43. वह अपनी सुंदरता पर भूली हुई है।

① प्राण निकलना ② न रह जाना

③ दुःख भोगना ④ इतराना

44. पानी न मिलने से पौधे मर रहे हैं।

① प्राप्त होना ② मिश्रित होना

③ मुरझाना ④ भेंट करना

45. वे तुम्हारे घर रिश्ता माँगने आ रहे हैं।

① कोई चीज़ छोड़ना ② विवाह-संबंध का प्रस्ताव देना

③ आधार पर स्थापित करना ④ नियुक्त करना

46. बेटा, बात को समझो और मान जाओ!

① जान निकलना ② रहित होना

③ कुम्हलाना ④ ग़ुस्सा छोड़ना

47. तुमने अपनी छोटी बहन को क्यों मारा?

① विवाह-संबंध का प्रस्ताव देना ② याचना करना
③ पीटना ④ देने को कहना

48. तुम्हारा चेहरा मेरी बहन से मिलता है।

① बहकावे में आना ② विचलित हो जाना
③ विस्मृत करना ④ समान होना

49. आप अपने ऑफ़िस में कितने कर्मचारी रखेंगे?

① शिकार करना ② नियुक्त करना
③ पीटना ④ जीवन को ख़त्म करना

50. वह सीधा है, किसी चालाक व्यक्ति की बातों में भूल सकता है।

① मुरझाना ② दुःख भोगना
③ प्रेम में विह्वल होना ④ बहकावे में आना

연습문제 VIII 정답

1 ③ 2 ⑥ 3 ⑧ 4 ① 5 ④ 6 ⑩ 7 ② 8 ⑨ 9 ⑤ 10 ⑦
11 मिली है 12 रखता हूँ 13 मारती हैं 14 मानता था 15 माँगूँगा
16 मर जाती है 17 भेजेंगे 18 भूल गया हूँ 19 भाग रहे हैं 20 भरा था
21 मानूँगा 22 रखा है 23 मिल जाना 24 मारा 25 माँगते थे
26 मर गए 27 भेजूँगा 28 भूलकर 29 भागता था 30 भर गए हैं
31 ③ 32 ④ 33 ① 34 ④ 35 ② 36 ① 37 ① 38 ② 39 ③ 40 ①
41 ② 42 ③ 43 ④ 44 ③ 45 ② 46 ④ 47 ③ 48 ④ 49 ② 50 ④

81-90과

रहना - लौटना

रहना

81

산스끄리뜨어의 **रह्** '남기다/남다'에서 유래한 동사로서 '살다'의 의미를 일차적으로 갖는다. 더불어 '머물다', '지내다', '살아 있다', '머물러 있다', '남다', '동거하다' 등의 의미를 표현한다.

1. निवास करना 살다, 거주하다

- दलाई लामा धर्मशाला में रहते हैं।
  달라이 라마가 델리에서 산다.
- मैं कुछ वर्षों तक कोरिया में रहा था।
  내가 몇 년 동안 한국에 살았었다.
- सेवावकाश के बाद मैं गाँव में रहूँगा।
  은퇴 후에 나는 시골에서 살 것이다.

2. ठहरना, समय बिताना 머물다, 지내다

- अब आप कुछ दिनों हमारे घर रहिए।
  이제 당신은 며칠 우리 집에서 지내세요.
- मैं अगले पाँच दिन बेटी-दामाद के घर पर रहूँगा।
  내가 닷새 동안 딸과 사위 집에 머물 것이다.

• पिता जी दो महीने मेरे पास रह कर कल ही गाँव गए हैं।
아버지가 두 달 동안 나와 지내고 어제 시골에 가셨다.

3. बने रहना 살아 있다, 머물러 있다

• मैं तुम्हारे बिना नहीं रह सकता।
나는 너 없이 살아 있을 수 없다.

• दादा जी नहीं रहे।
할아버지가 살아 있지 않으시다.

• क्या आप कुछ देर शांत रहेंगे?
당신은 잠시 조용히 계시겠어요?

4. अवशिष्ट रहना, बचना 남다

• मेरे चलने में अभी एक घंटा और रहता है।
내가 떠나려면 지금 한 시간 더 남았다.

• छात्रावास में नौ छात्र रह गए हैं, बाक़ी सब जा चुके हैं।
기숙사에 학생이 아홉 명 남았다, 나머지는 모두 가버렸다.

• अभी तीन कमरे और रहते हैं, बाक़ी सब की सफ़ाई हो चुकी है।
지금 방이 세 개 더 남았다, 나머지는 모두 청소가 끝났다.

5. यौन-संबंध में होना (के साथ와 함께 쓰여) 동거하다

• यह स्त्री अब तक चार लोगों के साथ रह चुकी है।
그 여자는 지금까지 네 명의 사람들과 이미 동거하였다.

- शादी से पूर्व वह कई सालों तक किसी के साथ रहा था।
  결혼 전에 그는 몇 해 동안 누군가와 동거했었다.
- वे दोनों बिना शादी के ही साथ रह रहे हैं।
  그 둘은 혼인하지 않은 채 동거하고 있다.

रोकना

82

산스끄리뜨어의 **रुध्** '막다'에서 유래한 동사로서 '(이동을) 막다'의 의미를 일차적으로 갖는다. 더불어 '(확산을) 막다', '억제하다', '(지속되는 일 등을) 멈추게 하다' 등의 의미를 표현한다.

1. गति या आगे बढ़ने की क्रिया को बंद करना (이동을) 막다, 세우다

- दिल्ली पुलिस हमें रोक रही है।
  델리 경찰이 우리를 막고 있다.
- ड्राइवर ने गाड़ी रोक दी।
  기사가 차를 세웠다.
- जाओ, तुम्हें किसने रोका है?
  가라, 너를 누가 막았니?

2. वश में रखना (분출이나 확산을) 막다, 억제하다

- सरकार के प्रयासों ने इस बीमारी को फैलने से रोक दिया।
  정부의 노력들이 이 질병이 퍼지는 것을 막았다.
- मैंने मुश्किल से अपनी भावनाओं को रोका।
  내가 어렵게 나의 감정들을 억제했다.

- मन को अधिक मत रोको।

  마음을 많이 억제하지 마라.

3. किसी निरंतरता को समाप्त कर देना

   (지속되고 있는 일, 활동, 영향 등을) 멈추게 하다, 정지시키다

- तुम्हारे वचनों ने मेरे आँसुओं को रोका था।

  너의 말들이 나의 눈물을 멈추게 했었다.

- वह दवा ही इस दर्द को रोकेगी।

  그 약만이 이 고통을 끝낼 것이다.

- सरकार ने सभी नियुक्तियाँ अभी रोक दी हैं।

  정부가 모든 직무를 방금 정지시켰다.

रोना

83

산스끄리뜨어의 रु '울다'에서 유래한 동사로서 '울다'의 의미를 일차적으로 갖는다. 더불어 '한탄하다', '슬퍼하다' 등의 의미를 표현한다.

1. दुःख का अनुभव करते हुए आँखों से आँसू निकालना
(눈물을 흘리며) 울다

- बेटा, क्या हुआ, क्यों रो रहे हो?
  아들아, 무슨 일이니, 왜 울고 있니?
- राम वन जा रहे थे, अयोध्या की जनता रो रही थी।
  람이 숲으로 떠나고 있었다, 아요다 백성들이 울고 있었다.
- वह पति को याद करके रात-भर रोती रही।
  그녀가 남편을 그리워하며 밤새도록 울었다.

2. शिकायत करना 한탄하다

- तुम तो हमेशा बीती बातों को लेकर रोते रहते हो।
  너는 항상 지나간 일들을 가지고 한탄한다.
- आप छोटी-छोटी बातों पर रोना शुरू कर देते हैं।
  당신은 작은 일들에 대해 한탄하기 시작한다.

- बार-बार अपनी क़िस्मत पर रोना बंद करो !

  번번이 자기 운명을 한탄하는 것을 그만두어라!

3. दुःखी हो जाना 서러워하다, 서글퍼하다, 슬퍼하다

- वह ज़रा-सी बात में रोने लगता है।

  그는 자그마한 일에 서러워하기 시작한다.

- छोटी-छोटी बातों पर मत रोया करो।

  작은 일에 서글퍼하지 마라.

- तुम तो, थोड़ा कुछ हो, रोना शुरू कर देते हो ?

  너는 뭔가 좀 일이 생기면 서글퍼하기 시작하는 거야?

लगना

84

산스끄리뜨어의 **लग्** '붙다'에서 유래한 동사로서 '붙다'의 의미를 일차적으로 갖는다. 더불어 '연결되다', '설치되다', '~인 것 같다', '(감정이나 감각이) 느껴지다', '시작되다', '(비용 등이) 들다', '(시간이) 걸리다', '참여하다', '몰두하다', '(불운한 일이나 상처 등을) 입다' 등의 의미를 표현한다.

1. एक चीज़ का दूसरी चीज़ से मिलना 붙다, 들러붙다, 묻다

- यहाँ दीवार पर गाँधी जी का कितना सुंदर चित्र लगा है!

  여기 벽에 매우 아름다운 간디 사진이 붙어있네!

- मैदान में खेलने से कपड़ों पर मैला लगा है।

  운동장에서 놀아서 옷에 더러운 것이 들러붙었다.

- होली में लगा रंग अब तक नहीं गया चेहरे से।

  홀리 때에 묻은 물감이 아직까지 얼굴에서 지워지지 않았다.

2. जोड़ा जाना, सटाया जाना 연결되다, 설치되다, 부착되다

- मेरे मकान में बिजली लग रही है।

  나의 집에 전기가 연결될 것이다.

- आपके दरवाज़े में कुंडी नहीं लगी है।

  당신의 문에 문걸이가 설치되지 않았다.

- लिफ़ाफ़े पर टिकट नहीं लगा है, टिकट का इंतज़ाम करो!

  봉투에 우표가 부착되지 않았다, 우표를 준비해라!

3. प्रतीत होना ~인 것 같다, ~처럼 여겨지다

- लगता है कि आज बहुत बारीश होगी।

  오늘 많은 비가 올 것 같다.

- क्या तुम्हें लगता है कि वह ईमानदार है?

  너는 그가 정직한 것 같니?

- मुझे लगता है तुम यहाँ ख़ुश नहीं हो!

  너는 여기가 즐겁지 않은 것 같구나!

4. महसूस होना (감정이나 감각이) 느껴지다

- मुझे भूख लगी है।

  내가 배고프다.

- तुम मुझे अच्छे लगते हो, प्रिय!

  나는 네가 맘에 든다, 사랑하는 이여!

- मुझे प्यास लगी है।

  내가 목마르다.

5. आरंभ होना 시작되다

- कंपनियों में होड़ लगी है।

  회사들 간에 경쟁이 시작되었다.

- कल से यहाँ मेला लगेगा।

  내일부터 여기에 축제가 시작될 것이다.

- साधु को देखकर बच्ची रोने लगी।

  성자를 보고 여자아이가 울기 시작했다.

6. व्यय होना (비용이나 대가가) 들다, (시간이) 걸리다

- कितने पैसे लगेंगे इस साइकिल के?

  이 자전거의 값이 얼마나 들까?

- जीवन में सफलता के लिए ख़ून-पसीना लगता है।

  인생에서 성공하려면 피땀이 든다.

- इस काम के लिए कम से कम एक दिन का समय लगेगा।

  이 일을 위해 최소한 하루의 시간이 걸릴 것이다.

7. प्रवृत्त होना 참여하다, 몰두하다, 매달리다

- किस योजना में लग गया वह?

  어떤 계획에 참여했는가 그는?

- मौक़ा मिलते ही पीने में लग जाते हो?

  기회를 얻자마자 음주에 몰두하는구나?

- अरे भइया, तुम तो उठते ही काम पर लग गए!

  아 이봐, 자네는 일어나자마자 일에 매달리는구나!

8. किसी अनिष्ट का संबद्ध होना (불운한 일, 손해, 상처 등을) 입다, 받다

- उसे टाँग पर चोट लगी।

  그가 다리에 상처를 입었다.

- मुझे इस बात से बहुत धक्का लगा।

  나는 이 일로 타격을 받았다.

- उसे पता नहीं कौन-सा ग्रह लगा है?

  그가 어느 별자리의 나쁜 기운을 받았는지 모른다.

लड़ना

85

산스끄리뜨어의 **रण्** '소리 내다'에서 유래한 동사로서 '싸우다'의 의미를 일차적으로 갖는다. 더불어 '논쟁하다', '충돌하다', '눈이 맞다', '(짐승이) 물다', '(벌레가) 쏘다' 등의 의미를 표현한다.

1. शारिरिक बल का प्रयोग करके एक-दूसरे पर प्रहार करना 싸우다

- कई बार कक्षा में बच्चे लड़ते हैं।
  수시로 교실에서 아이들이 싸운다.
- हम दो भाई बचपन में बहुत लड़ते थे।
  우리 형제 둘이 어린 시절에 많이 싸웠었다.
- भारत और पाकिस्तान तीन बार लड़ चुके हैं।
  인도와 파키스탄은 세 번 싸웠다.

2. एक-दूसरे को परास्त करने के उद्देश्य से वाणी, बुद्धि आदि का प्रयोग करना 논쟁하다, 말싸움하다

- दयानंद ने अनेक शास्त्रार्थ लड़े।
  다야난다는 경전의 뜻에 관한 많은 논쟁을 하였다.
- आज शाम सभा में पंडित लोग लड़ेंगे।
  오늘 저녁에 회의에서 학자들이 논쟁할 것이다.

- टीवी चैनल पर विरोधी दल के नेता लड़ते हैं।
  텔레비전 채널에서 반대 당의 지도자들이 논쟁한다.

3. टक्कर खाना, भिड़ना 부딪치다, 충돌하다

- कल दो रेलगाड़ियाँ लड़ गईं।
  어제 기차 두 대가 부딪쳤다.
- मेरी साइकिल बैलगाड़ी से लड़ गई।
  내 자전거가 달구지와 부딪쳤다.
- यहाँ गाड़ियाँ कई बार लड़ जाती हैं।
  이곳에서 차들이 가끔 충돌한다.

4. शृंगारपूर्ण सामना होना (사랑으로) 눈이 맞다

- शकुंतला और दुष्यंत की आँखें लड़ गई थीं।
  샤꾼딸라와 두샨따가 눈이 맞았었다.
- उस लड़के और इस लड़की की आँखें लड़ गई हैं।
  그 소년과 이 소녀가 눈이 맞았다.
- फ़िल्म के उस दृश्य में अभिनेता और अभिनेत्री की आँखें लड़ीं।
  영화의 그 장면에서 주인공과 여자주인공이 눈이 맞았다.

5. जानवर का काटना, डंक मारना (짐승이) 물다, (벌레가) 쏘다

- जंगल की ओर जाने से जानवर लड़ते हैं।
  숲 쪽으로 가면 동물들이 (다가와서) 문다.

- कल मुझे बहुत सारी मधुमक्खियाँ लड़ गईं।

  어제 나를 매우 많은 벌들이 쏘았다.

- उधर मत जाओ, बिच्छू लड़ेंगे।

  저쪽으로 가지 마라, 전갈이 쏠 것이다.

लाना

86

힌디어의 **ले आना** '가져오다'에서 유래한 동사로서 '가져오다/데려오다'의 의미를 일차적으로 갖는다. 더불어 '(가져와서 앞에) 내놓다'의 의미도 표현한다.

1. किसी वस्तु को उठाकर कहीं पहुँचाना (물건을) 가져오다

- तुम उस झोले में क्या लाए हो?

  너는 이 가방에 무엇을 가져왔니?

- मैं आपके लिए चॉकलेट्स् लाऊँगा।

  내가 당신을 위해 초콜릿을 가져올 것이다.

- क्या मेरे लिए पानी लाओगे?

  나한테 물 좀 가져올래?

2. किसी व्यक्ति को कहीं से कहीं पहुँचाना (사람을) 데려오다

- जाओ बेटा, बहन को लाओ।

  아들아, 가서 누이를 모셔와라.

- पिता स्कूल से बच्चे को ला रहा है।

  아버지가 학교에서 아이를 데려오고 있다.

• आपका बेटा अपने साथ किसी लड़की को ला रहा है।

당신의 아들은 자신과 함께 어떤 소녀를 데려오고 있다.

3. समक्ष उपस्थित करना (사안을 가져와서 앞에) 내놓다

• वे यह मामला मेरे पास लाएँगे।

그들이 이 사안을 내게 내놓을 것이다.

• मैं यह मुद्दा तुम्हारे पास लाऊँगा।

내가 이 사안을 네게 내놓을 것이다.

• हम अपनी समस्याओं को कुलपति जी के सामने लाएँगे।

우리가 자신의 문제들을 교장님께 내놓을 것이다.

लिखना

87

산스끄리뜨어의 लिख् '긁다/쓰다'에서 유래한 동사로서 '(글씨를) 쓰다'의 의미를 일차적으로 갖는다. 더불어 '(선을) 그리다', '(작품 등을) 쓰다' 등의 의미를 표현한다.

1. लिपिबद्ध करना (글씨를) 쓰다

- तुम क्या लिख रहे हो?
  너는 뭐를 쓰고 있니?
- मैं कुलपति को पत्र लिखूँगा।
  나는 교장에게 편지를 쓸 것이다.
- उसने उस काग़ज़ में क्या लिखा था?
  그는 그 종이에 무엇을 썼었니?

2. रेखाएँ अंकित करना (선을) 긋다, 그리다

- बच्चा दिन-भर दीवार पर कुछ लिखता रहा।
  아이가 종일 벽에 무엇인가를 그리고 있다.
- तुम आकाश में यह क्या लिखते-से रहते हो?
  너는 허공에 이 무엇을 계속 그리는 것처럼 하고 있니?

• इस छायाचित्र के रूप में उसने अपने भाव लिखे थे।

이 사진의 형식으로 그는 자신의 감정을 그렸었다.

3. किसी कृति की रचना करना (작품 등을) 쓰다

• कालिदास ने तीन नाटक लिखे थे।

깔리다사는 희곡을 세 편 썼었다.

• वह एक उपन्यास लिख रहा है।

그가 소설을 한 편 쓰고 있다.

• मैं अपना शोध-प्रबंध कोरियाई में लिखूँगा।

나는 내 논문을 한국어로 쓸 것이다.

लेटना

88

산스끄리뜨어의 लुण्ठ् '빈둥거리며 보내다'에서 유래한 동사로서 '눕다''의 의미를 일차적으로 갖는다. 더불어 '쓰러지다', '죽다', '(건강 상태가) 나빠지다' 등의 의미를 표현한다.

1. शरीर को लंबाई के बल किसी आधार पर पसार देना (몸을 수평으로 어딘가 대고) 눕다

- सीधे लेटो !

 똑바로 누워라!

- मैं जमीन पर लेटूँगा।

 내가 땅에 누울 것이다.

- दादा जी इस पलंग पर लेटते हैं।

 할아버지는 이 침대에 누우신다.

2. खड़े बल में रहने वाली किसी चीज़ का ज़मीन पर गिर जाना 쓰러지다

- ये पेड़ कैसे लेट रहे हैं?

 이 나무들이 어떻게 쓰러지고 있지?

- कई बार भूकंप में बड़े-बड़े भवन लेट जाते हैं।

 수차례 지진으로 큰 건물들이 쓰러진다.

- आँधी के कारण सारे पेड़ जमीन पर लेट गए।
  모래바람 때문에 모든 나무들이 땅에 쓰러졌다.

3. मर जाना 죽다, 영면하다

- मैं भी एक दिन लेट जाऊँगा।
  나도 어느 날 죽을 것이다.
- वह सदा के लिए लेट गया।
  그가 영원히 누워 버렸다.
- एक दिन आख़िरकार सभी को ज़मीन पर लेट जाना है।
  언젠가 결국 모두 땅에 눕게 될 것이다.

4. तबीयत आदि का ख़राब होना (건강 상태가) 나빠지다

- अरे, तुम फिर लेट गए!
  오, 너는 다시 건강이 나빠졌구나!
- गर्मी के मौसम में बहुत लोग लेट जाते हैं।
  여름 날씨에 많은 사람들이 건강이 나빠진다.
- सर्दियाँ बहुत थीं, बहुत से बच्चे लेट गए।
  추위가 심했다, 상당히 많은 아이들이 건강이 나빠졌다.

लेना

89

산스끄리뜨어의 **लभ्** '얻다/가지다'에서 유래한 동사로서 '(주는 것을) 받다'의 의미를 일차적으로 갖는다. 더불어 '취득하다', '점거하다', '(손에) 쥐다', '(어깨에) 지다', '(무릎에) 얹다', '섭취하다', '(임무를) 맡다', '(맹세를) 취하다', '맞이하다' 등의 의미를 표현한다. 또한 의미조동사로 쓰여 일의 완성, 행동의 결과가 행위자에게 돌아옴, 어떤 행동을 할 수 있음, 감정의 내향적 표현 등을 나타낸다.

1. ग्रहण करना, प्राप्त करना 받다

- दुकानदार ग्राहक से पैसे ले रहा है।

  가게주인이 손님에게 돈을 받고 있다.

- पंडित ने सेठ जी से दान लिया।

  학자가 세트 씨로부터 기부를 받았다.

- मैं किसी से कुछ नहीं लूँगा।

  나는 누군가한테 아무것도 받지 않을 것이다.

2. अपने अधिकार में स्थित करना 취득하다, 점거하다

- मैंने यह गाड़ी ली है।

  내가 이 차를 샀다.

- क्या तुम किराये पर मकान ले रहे हो?

  네가 전세로 집을 얻고 있니?

- पुलिस ने इस घर को अपने क़ब्ज़े में ले लिया है।

  경찰이 이 집을 점거하였다.

3. कोई वस्तु अपने अंग पर धारण करना
(손에) 쥐다, (어깨에) 지다, (무릎에) 얹다

- उसने हाथ में लाठी ली।

  그는 손에 몽둥이를 쥐었다.

- तू अपने कंधों पर ज़्यादा भार न ले!

  너는 네 어깨에 많은 짐을 지지 말아라!

- माँ बच्चे को गोद में लेती हैं।

  엄마가 아이를 무릎에 얹는다.

4. मुँह में रखकर गले के नीचे उतारना 먹다, 마시다, 섭취하다

- मैं रात को रोज़ एक गिलास दूध लेता हूँ।

  나는 밤에 매일 한 잔의 우유를 마신다.

- इस सिरप को लो।

  이 시럽을 마셔요.

- मैं सेब का जूस लेता था।

  나는 사과주스를 마셨었다.

5. उत्तरदायित्व का वहन करना, प्रतिज्ञा बद्ध होना
(직책, 임무 등을) 맡다, (맹세 등을) 취하다

- उसने सचिव का पद लिया।
그가 장관직을 맡았다.

- मैं शपथ लेता हूँ।
내가 맹세를 한다.

- राजा सन्यास ले रहा है।
왕이 출가를 하려 한다.

6. अगवानी करना 맞이하다, 데려오다, 마중하다

- मैं आपको रेलवे स्टेशन से ले लूँगा।
내가 당신을 기차역에서 맞이할 것이다.

- वे अपनी बेटी को लेने एयरपोर्ट जा रहे हैं।
그분은 자신의 딸을 맞이하러 공항에 가고 있다.

- तुम रोज़ बच्चे को स्कूल से लेते हो।
너는 매일 아이를 학교에서 데려온다.

7. (सहायक क्रिया) कार्य की पूर्ति, कर्ता की ओर परिणाम लौटना, क्रिया पूरा करने में समर्थ होना, भावना की अंतर्मुखी अभिव्यक्ति
(의미조동사로 쓰여) 일의 완성, 행동의 결과가 행위자에게 돌아옴, 어떤 행동을 할 수 있음, 감정의 내향적 표현 등을 나타낸다.

- उसने रोटी खा ली।
그가 빵을 먹었다.

- उसने पुस्तक ख़रीद ली।
  그는 책을 샀다.
- मैं भी हिन्दी बोल लेता हूँ।
  나도 힌디어를 말할 수 있다.
- रोगी अब दो कदम चल लेता है।
  환자가 이제 한 걸음 걸을 수 있다.
- वह मुस्करा लिया।
  그가 미소를 머금었다.

लौटना

90

산스끄리뜨어의 लुट् '구르다'에서 유래한 동사로서 '(원위치로) 돌아오다'의 의미를 일차적으로 갖는다. 더불어 '(방향을) 뒤돌리다', '(사라지거나 지나간 것이) 돌아오다' 등의 의미를 표현한다.

1. वापस आना (원위치로) 돌아오다

- आज हमारा बेटा विदेश से लौट रहा है।
  오늘 우리 아들이 외국에서 돌아온다.
- तुम दिल्ली से कब लौटे?
  네가 델리에서 언제 돌아왔니?
- मैं अब यहाँ कभी नहीं लौटूँगा।
  내가 이제 여기에 절대 안 돌아올 것이다.

2. पीछे की ओर घूमना या मुड़ना (방향을) 뒤돌리다

- उसने लौटकर मुझे देखा।
  그는 뒤돌아서 나를 보았다.
- पीछे लौटकर देखो, कौन आया है?
  뒤돌아서 보아라, 누가 왔는가?

- मेरी आवाज़ सुनकर वह पीछे की ओर लौटेगा।

  나의 목소리를 듣고 그가 뒤로 (몸을) 돌릴 것이다.

3. किसी वस्तु का पुनः प्राप्त होना (사라지거나 지나간 것이) 돌아오다

- गई हुई पुस्तक फिर लौटती नहीं।

  빌려 간 책은 다시 돌아오지 않는다.

- बीता हुआ समय लौटेगा नहीं।

  지나간 시간은 돌아오지 않을 것이다.

- काश, बचपन के दिन फिर लौट आते!

  오, 어린 시절이 다시 돌아온다면!

연습문제 IX

☑ [1-10] 주어진 힌디어의 올바른 뜻을 고르시오.

1. रहना	① 쓰다
2. रोकना	② 가져오다
3. रोना	③ 받다
4. लगना	④ 막다
5. लड़ना	⑤ 붙다
6. लाना	⑥ 울다
7. लिखना	⑦ 싸우다
8. लेटना	⑧ 눕다
9. लेना	⑨ 살다
10. लौटना	⑩ 돌아오다

☑ [11-30] 괄호 안에 적합한 것을 고르시오.

11. वह दवा ही इस दर्द को (रोकेगी, लोगी)।

12. उस लड़के और इस लड़की की आँखें (लेट गई हैं, लड़ गई हैं)।

13. तुम उस झोले में क्या (रोके हो, लाए हो)?

14. दादा जी इस पलंग पर (लेटते हैं, लगते हैं)।

15. मैं रात को रोज़ एक गिलास दूध (रोकता हूँ, लेता हूँ)।

16. इस छायाचित्र के रूप में उसने अपने भाव (लिखे थे, लड़े थे)।

17. मैदान में खेलने से कपड़ों पर मैला (लगता है, लिखता है)।

18. वह पति को याद करके रात-भर (लड़ती रही, रोती रही)।

19. सरकार के प्रयासों ने इस बीमारी को फैलने से (ला दिया, रोक दिया)।

20. मैं अगले पाँच दिन बेटी-दामाद के घर पर (रहूँगा, रोऊँगा)।

21. मैं अपना शोध-प्रबंध कोरियाई में (लूँगा, लिखूँगा)।

22. एक दिन आख़िरकार सभी को ज़मीन पर (लेट जाना है, रह जाना है)।

23. आज हमारा बेटा विदेश से (लेट रहा है, लौट रहा है)।

24. भारत और पाकिस्तान तीन बार (लड़ चुके हैं, लग चुके हैं)।

25. जीवन में सफलता के लिए ख़ून-पसीना (लिखता है, लगता है)।

26. हम अपनी समस्याओं को कुलपति जी के सामने (लाएँगे, रोएँगे)।

27. मेरी आवाज़ सुनकर वह पीछे की ओर (रहेगा, लौटेगा)।

28. पुलिस ने इस घर को अपने क़ब्ज़े में (लगा है, ले लिया है)।

29. छात्रावास में नौ छात्र (लग गए हैं, रह गए हैं), बाक़ी सब जा चुके हैं।

30. छोटी-छोटी बात पर मत (रोया करो, लाया करो)।

☑ [31-50] 밑줄 친 단어의 동의어를 고르시오.

31. दलाई लामा धर्मशाला में रहते हैं।

① शिकायत करना ② निवास करना
③ दुःखी होना ④ आँसू निकालना

32. दिल्ली पुलिस हमें रोक रही है।

① वस्तु को कहीं पहुँचाना ② व्यक्ति को कहीं पहुँचाना
③ गति को बंद करना ④ समक्ष उपस्थित करना

33. बेटा, क्या हुआ, क्यों रो रहे हो?

① आँसू निकालना ② निवास करना
③ बने रहना ④ ठहरना

34. आपके दरवाज़े में कुंडी नहीं लगी है।

① शृंगारपूर्ण सामना होना ② जानवर का काटना
③ एक-दूसरे पर प्रहार करना ④ जोड़ा जाना

35. मेरी साइकिल बैलगाड़ी से लड़ गई।

① वापस आना
② पीछे की ओर मुड़ना
③ टक्कर खाना
④ पुनः प्राप्त होना

36. मैं आपके लिए चॉकलेट्स् लाऊँगा।

① गति को बंद करना
② वश में रखना
③ समाप्त करना
④ उठाकर कहीं पहुँचाना

37. उसने उस काग़ज़ में क्या लिखा था?

① लिपिबद्ध करना
② निवास करना
③ अवशिष्ट रहना
④ समय बिताना

38. कई बार भूकंप में बड़े-बड़े भवन लेट जाते हैं।

① समय बिताना
② बचना
③ यौन-संबंध में होना
④ गिर जाना

39. मैं अब यहाँ कभी नहीं लौटूँगा।

① महसूस होना
② व्यय होना
③ वापस आना
④ प्रवृत्त होना

40. उधर मत जाओ, बिच्छू लड़ेंगे।

① शिकायत करना
② डंक मारना
③ आँसू निकालना
④ दुःखी होना

41. मेरे चलने में अभी एक घंटा और रहता है।

① प्रतीत होना ② जुड़ना

③ बचना ④ सटना

42. मैंने मुश्किल से अपनी भावनाओं को रोका।

① ग्रहण करना ② प्रतिज्ञा बद्ध होना

③ अगवानी करना ④ वश में रखना

43. बार-बार अपनी क़िस्मत पर रोना बंद करो!

① पुनः प्राप्त होना ② शिकायत करना

③ पीछे की ओर घूमना ④ वापस आना

44. लगता है कि आज बहुत बारीश होगी।

① गिरना ② प्रतीत होना

③ मरना ④ तबीयत का ख़राब होना

45. मैं यह मुद्दा तुम्हारे पास लाऊँगा।

① लिपिबद्ध करना ② रेखाएँ अंकित करना

③ रचना करना ④ समक्ष उपस्थित करना

46. कालिदास ने तीन नाटक लिखे थे।

① गति को बंद करना ② वश में रखना

③ रचना करना ④ समाप्त करना

47. गर्मी के मौसम में बहुत लोग लेट जाते हैं।

① व्यय होना ② तबीयत का ख़राब होना
③ आरंभ होना ④ महसूस होना

48. मैं आपको रेलवे स्टेशन से ले लूँगा।

① अगवानी करना ② टक्कर खाना
③ भिड़ना ④ एक-दूसरे पर प्रहार करना

49. पंडित ने सेठ जी से दान लिया।

① ग्रहण करना ② रेखाएँ अंकित करना
③ रचना करना ④ लिपिबद्ध करना

50. पीछे लौटकर देखो, कौन आया है?

① पसार देना ② गिरना
③ मरना ④ मुड़ना

연습문제 IX 정답

1 ⑨ 2 ④ 3 ⑥ 4 ⑤ 5 ⑦ 6 ② 7 ① 8 ⑧ 9 ③ 10 ⑩

11 रोकेगी 12 लड़ गई हैं 13 लाए हो 14 लेटते हैं 15 लेता हूँ
16 लिखे थे 17 लगता है 18 रोती रही 19 रोक दिया 20 रहूँगा
21 लिखूँगा 22 लेट जाना है 23 लौट रहा है 24 लड़ चुके हैं 25 लगता है
26 लाएँगे 27 लौटेगा 28 ले लिया है 29 रह गए हैं 30 रोया करो

31 ② 32 ③ 33 ① 34 ④ 35 ③ 36 ④ 37 ① 38 ④ 39 ③ 40 ②

41 ③ 42 ④ 43 ② 44 ② 45 ④ 46 ③ 47 ② 48 ① 49 ① 50 ④

91-100과

सँभालना - होना

91 सँभालना

92 सकना

93 सहना

94 सीखना

95 सुनना

96 सोचना

97 सोना

98 हँसना

99 हटना

100 होना

연습문제 X

सँभालना

91

산스끄리뜨어의 सम्भृ '모으다/준비하다/부양하다'에서 유래한 동사로서 '지탱시키다'의 의미를 일차적으로 갖는다. 더불어 '준비하다', '지켜보다', '양육하다', '(충동을) 억제하다' 등의 의미를 표현한다.

1. गिरते हुए को सहारा देते हुए पकड़ लेना
(넘어지지 않게) 잡다, 붙잡다, 부축하다

- दादा जी गिरने वाले थे, मैंने उन्हें सँभाला।
  할아버지가 넘어지시려고 했었다, 내가 그분을 잡았다.
- अलमारी गिर रही है, ज़रा सँभालना!
  선반이 넘어가려고 한다, 좀 붙잡아!
- लड़खड़ाते पिता को बेटा सँभालता है।
  비틀거리는 아버지를 아들이 부축한다.

2. समुचित प्रबंध करना 준비하다, 처리하다

- मेरी बेटी की शादी का सारा ज़िम्मा उसके चाचा ने सँभाला था।
  나의 딸의 결혼식의 모든 책임을 그의 삼촌이 준비했었다.
- सेमिनार के हर काम को छात्र सँभालेंगे।
  세미나의 모든 일을 학생들이 처리할 것이다.

- पार्टी का सारा काम मैं ही सँभाल रहा हूँ।
  파티의 모든 일을 바로 내가 준비할 것이다.

3. निगरानी करना 지켜보다, 감시하다

- मेरा सामान कौन सँभालेगा?
  나의 물건을 누가 지켜볼래요?
- तुम इस साइकिल को सँभालो!
  네가 이 자전거를 지켜봐라!
- अब तक मैं ही तुम्हारी चीज़ों को सँभाल रहा था।
  지금까지 바로 내가 너의 물건들을 지켜보고 있었다.

4. पालन-पोषण करना 양육하다, 기르다

- बच्चे को पिता सँभालेगा।
  아이들을 아빠가 기를 것이다.
- माँ के न रहने के बाद मुझे मेरी दीदी ने सँभाला था।
  엄마가 돌아가신 후에 나를 내 언니가 길렀었다.
- मैं काम पर रहती हूँ, बिटिया को तो उसकी दादी जी सँभालती हैं।
  나는 직장 일을 한다, 딸을 그의 할머니가 기르신다.

5. आवेग को क़ाबू में रखना (충동을) 다스리다, 억제하다

- गुस्सा मत करो, ख़ुद को सँभालो!
  화를 내지 마라, 스스로를 다스려라!

- इस कठिन परिस्थिति में वह ख़ुद को कैसे सँभालेगा?

  이 어려운 상황에서 그가 자신을 어떻게 다스릴까?

- पिता की मृत्यु पर उसने बहुत मुश्किल से अपने को सँभाला।

  아버지께서 돌아가셨을 때 그는 매우 어렵게 자신을 다스렸다.

सकना

92

산스끄리뜨어의 **शक्** '할 수 있다'에서 유래한 조동사로서 '할 수 있다'의 의미를 일차적으로 갖는다. 더불어 '허락하다', '가능하다' 등의 의미를 표현한다.

1. समर्थ होना 할 수 있다

- मैं यह काम कर सकता हूँ।

  내가 이 일을 할 수 있다.

- बेटी साइकिल चला सकती है।

  딸이 자전거를 몰 수 있다.

- मेरी माँ अंग्रज़ी नहीं बोल सकतीं।

  내 엄마는 영어를 못 하신다.

2. इजाज़त लेना या इजाज़त देना 허락하다

- अब आप जा सकते हैं।

  이제 당신은 가셔도 됩니다.

- पिता जी, हम खेलने जा सकते हैं?

  아버지, 우리가 놀러 나가도 될까요?

- श्रीमन्, क्या मैं अंदर आ सकता हूँ?
  어르신, 제가 안에 들어가도 될까요?

3. संभावित होना 가능하다

- छाता लेकर जाओ, बारिश हो सकती है।
  우산 가지고 가요, 비가 올 수 있어요.
- भारत इस बार विश्वकप जीत सकता है।
  인도는 이번에 월드컵을 이길 가능성이 있다.
- क्या ईरान-अमेरिका युद्ध हो सकता है?
  이란과 미국의 전쟁이 날 가능성이 있나요?

सहना

93

산스끄리뜨어의 **सह्** '참다'에서 유래한 동사로서 '참다'의 의미를 일차적으로 갖는다. 더불어 '감당하다', '행운이 따르다' 등의 의미를 표현한다.

1. **बर्दाश्त करना** 참다, 견디다, 인내하다

- पिता जी ने जीवन में बहुत कष्ट सहे।

  아버지가 인생에서 많은 고통을 참으셨다.

- मैं बचपन से इस दर्द को सह रहा हूँ।

  내가 어린 시절부터 이 통증을 견디고 있다.

- तुम इस अपमान को कब तक सहोगे?

  네가 이 모욕을 언제까지 인내할래?

2. **धारण करने में समर्थ होना** 감당하다, 버티다, 지탱하다

- तुम इस भार को नहीं सह पाओगे।

  네가 이 부담을 버틸 수 없을 것이다.

- देश इस जनसंख्या को कैसे सहेगा?

  국가가 이 인구를 어떻게 감당할 수 있겠는가?

- ये दीवारें अब छत को नहीं सह सकेगी।
  이 벽들이 이제 천장을 지탱할 수 없을 것이다.

3. फलदायक सिद्ध होना (~에게) 복덩이가 되다, 행운이 되다

- नया घर उसको सहा नहीं।
  새집에서 그는 행운이 따르지 않았다.
- तुम मुझे बहुत सहोगे।
  네가 나에게 큰 복덩이가 될 것이다.
- नई बहू हमारे घर को बहुत सह रही है।
  새 며느리가 우리 집의 복덩어리이다.

सीखना

94

산스끄리뜨어의 शिक्ष् '배우다'에서 유래한 동사로서 '배우다'의 의미를 일차적으로 갖는다. 더불어 '습득하다', '깨닫다' 등의 의미를 표현한다.

1. किसी विषय की तालीम प्राप्त करना 배우다, 학습하다

- तुम तब ज्योतिष सीख रहे थे।

  네가 그때 점성학을 배우고 있었다.

- वह छुट्टियों में जूडो सीखेगा।

  그가 방학에 유도를 배울 것이다.

- आजकल मैं शास्त्रीय संगीत सीख रहा हूँ।

  요즘 내가 고전 음악을 배우고 있다.

2. अनुभव द्वारा स्वाभाविक रूप अर्जित करना (경험을 통해) 습득하다

- मेरा बच्चा चलना सीख रहा है।

  내 아이가 걷는 것을 습득하고 있다.

- तब मैं मुश्किल से बोलना सीख रहा था।

  그때 나는 힘들게 말하는 것을 습득하고 있었다.

• कुछ ही दिनों में तुम सब सीख जाओगे !
며칠 만에 너는 모든 것을 습득하게 될 거야!

3. आगे के लिए सचेत रहने का अनुभव प्राप्त करना (경험을) 얻다, 깨닫다

• तुम चोट खाकर सीखोगे।
너는 상처를 입고 깨달을 것이다.

• आदमी ग़लतियों से ही सीखता है।
사람은 실수들로부터 깨닫는다.

• हम कई बार बहुत कुछ खोने के बाद सीखते हैं।
우리는 여러 번 많은 것을 잃은 후에 깨닫게 된다.

सुनना

95

산스끄리뜨어의 श्रु '듣다'에서 유래한 동사로서 '(소리를) 듣다'의 의미를 일차적으로 갖는다. 더불어 '(소식을) 듣다', '경청하다', '야단맞다' 등의 의미를 표현한다.

1. कानों के द्वारा ध्वनि को ग्रहण करना (소리를) 듣다

- मैं गाता हूँ, तुम सुनो!

  내가 노래할게, 너는 들어라!

- मैं मंदिर में भजन सुन रहा हूँ।

  내가 사원에서 찬송가를 듣고 있다.

- छुट्टी की घंटी सुनकर सारे छात्र ख़ुशी से भागने लगे।

  끝나는 종소리를 듣고서 학생들이 모두 기뻐서 뛰기 시작했다.

2. श्रवणेन्द्रिय का प्रयोग करके सूचनाएँ प्राप्त करना (소식, 정보를) 듣다

- मैं रेडियो पर समाचार सुन रहा था।

  내가 라디오에서 뉴스를 듣고 있었다.

- यह ख़बर तुमने किससे सुनी?

  이 소식을 네가 누구에게 들었니?

- मैंने सुना है कि आप देश छोड़कर जा रहे हैं?
  나는 당신이 나라를 떠나간다고 들었다.

3. किसी के निवेदन या प्रार्थना पर विचार करने के लिए तत्पर होना
귀를 기울이다, 경청하다

- तुम तो मेरी सुनते ही नहीं न?
  너는 나의 말을 전혀 경청하지 않는 거지?
- कुलपति महोदय ने हमारी प्रार्थना को ध्यान से सुना।
  교장 선생님은 우리의 간청을 주의 깊게 경청하셨다.
- छात्र अपनी समस्या को लेकर सबके पास जा रहे हैं, पर उनकी कोई सुन नहीं रहा।
  학생들이 자신의 문제를 가지고 모든 이들에게 가지만 그들의 이야기를 누구도 경청하지 않았다.

4. अप्रिय बातों का सामना करना 질책을 받다, 소리 듣다, 야단맞다

- तू अभी मुझसे सुनेगा!
  너는 이제 나한테 야단맞을 거야!
- तुम्हारी वजह से मुझे इतना सुनना पड़ा।
  너 때문에 내가 이렇게나 질책을 받아야 했다.
- दूसरों को बोलोगे तो उनसे सुनोगे भी!
  다른 이들에게 소리치면 그들로부터 한 소리 듣기도 할 것이다!

सोचना

96

산스끄리뜨어의 शुच् '슬퍼하다'에서 유래한 동사로서 '생각하다'의 의미를 일차적으로 갖는다. 더불어 '걱정하다', '궁리하다' 등의 의미를 표현한다.

1. मन में विचार करना 생각하다

- तुम क्या सोच रहे हो?

  네가 무엇을 생각하고 있니?

- इसके बारे में क्या करना है, हम सोचेंगे।

  이것에 관해서 무엇을 해야 하는지 우리가 생각할 것이다.

- मैं परीक्षा के प्रश्नों के बारे में सोच रहा था।

  내가 시험 문제들에 관해서 생각하고 있었다.

2. चिंता करना 걱정하다, 근심하다

- माँ बेटी के बारे में सोचती रहती थीं।

  엄마가 딸에 대해서 걱정하셨었다.

- मेरे बारे में ज़्यादा मत सोचो, मैं ठीक हूँ।

  나에 대해서 많이 걱정하지 마, 나는 괜찮아.

• पिता जी बीमार हैं, मैं आजकल उनके बारे में ही सोचता रहता हूँ।

아버지께서 편찮으시다, 내가 요즘 당신에 대해 걱정하고 있다.

3. **कल्पना करना** 생각해내다, 궁리하다, 상상하다

• आपने यह युक्ति कैसी सोची?

당신은 이 방법을 어떻게 생각해내셨어요?

• मैं इसका कोई उपाय सोचता हूँ।

나는 이것의 어떤 방안을 궁리할 것이다.

• तुमने कैसे सोचा कि मैं तुम्हें धोखा दे सकता हूँ?

너는 어떻게 내가 너를 속일 수 있다고 상상했니?

सोना

97

산스끄리뜨어의 शी '자다'에서 유래한 동사로서 '자다'의 의미를 일차적으로 갖는다. 더불어 '태만하다', '무위하다' 등의 의미도 표현한다.

1. निद्रा लेना, शयन करना 자다

- क्या तुम दिन में सोते हो?
  너는 낮에 자니?
- तब घर पर सब सो रहे थे।
  그때 집에서 모두가 자고 있었다.
- हमें प्रतिदिन कम से कम छह घंटे सोना चाहिए।
  우리는 매일 최소한 여섯 시간 자야 한다.

2. बेख़बर रहना, ध्यान न देना, निष्क्रिय होना (무관심하여) 가만있거나 태만하다, 무위하다

- बेटा, साल-भर तो तू सोया रहा।
  얘야, 일 년 내내 무위하게 지내는구나.
- हम सोते रहे और वे देश को लूटते रहे।
  우리는 움직이지 않았고 그들은 나라를 계속해서 약탈했다.

• परीक्षा पास में है, तुम ऐसे कब तक सोते रहोगे?

시험이 가깝다, 너는 이렇게 언제까지 움직이지 않을래?

हँसना

98

산스끄리뜨어의 **हस्** '웃다'에서 유래한 동사로서 '웃다'의 의미를 일차적으로 갖는다. 더불어 '비웃다', '(집이나 장소 등이) 환하게 보이다' 등의 의미를 표현한다.

1. मुँह खोलकर गले से हर्षध्वनि निकालना 웃다

- आप क्यों हँस रहे हैं?
  당신은 왜 웃고 있습니까?
- गुदगुदाने पर तो सब हँसते हैं।
  간지럽히면 모두 웃는다.
- अध्यापक की बात सुनकर छात्र हँसने लगे।
  선생님의 이야기를 듣고 학생들이 웃기 시작했다.

2. परिहास करना 비웃다, 조소하다

- लोग तुम पर हँसते हैं।
  사람들이 너를 비웃는다.
- दुनिया उस पर हँसेगी।
  세상이 그를 비웃을 것이다.

- तब वे मुझ पर हँस रहे थे।

그때 그들이 나를 비웃고 있었다.

3. सुंदर लगना (웃는 표정처럼) 환하게 보이다, 아름답게 보이다

- तुम्हारा घर हँसने लगेगा।

너의 집이 환해질 것이다.

- इस उद्यान का कोना-कोना हँस-सा रहा है।

이 정원의 구석구석이 환하게 보인다.

- ये नदी, नाले, पहाड़ सब आज हँस-से रहे थे।

이 강, 개울, 산 모든 것이 오늘 빛나 보였다.

हटना

99

산스끄리뜨어의 **घट्ट्** '흔들다'에서 유래한 동사로서 '(장소에서) 물러나다'의 의미를 일차적으로 갖는다. 더불어 '(책임이나 자리에서) 물러나다', '(약속 등에서) 벗어나다', '사라지다' 등의 의미를 표현한다.

1. **एक जगह को छोड़कर अन्यत्र जाना** (장소에서) 물러나다

- **तुम यहाँ से क्यों हटे?**
  네가 여기에서 왜 물러났니?
- **वह हमारे पास से हटकर वहाँ बैठ गया।**
  그가 우리 곁에서 물러나 그곳에 앉았다.
- **मैं थोड़ी देर में हटूँगा।**
  내가 잠시 후에 물러날 것이다.

2. **दुर होना, बचना** (책임이나 자리에서) 물러나다

- **तुम इस पद से क्यों हट रहे हो?**
  너는 이 직위에서 왜 물러나고 있니?
- **काँग्रेस पार्टी मंत्रिमंडल से हटना चाहती है।**
  국민회의 정당이 내각에서 물러나길 원한다.

• मैं अपनी ज़िम्मेदारी से कभी नहीं हटा।
나는 내 책임에서 결코 물러나지 않았다.

3. विचलित होना (약속 등을) 지키지 않다, 벗어나다

• मैं अपनी बातों से कभी नहीं हटूँगा।
나는 나의 말에서 결코 벗어나지 않을 것이다.

• आदमी को अपने वचन से कभी हटना नहीं चाहिए।
사람이 자신의 말에서 결코 벗어나지 말아야 한다.

• वह एक बार प्रतिज्ञा कर लेता है तो उससे फिर कभी नहीं हटता।
그는 한 번 맹세하면 그것에서 결코 벗어나지 않는다.

4. दूर हो जाना, मिट जाना 멀어지다, 사라지다

• अभी के लिए तो यह ख़तरा हट गया।
지금 당장은 이 위험이 사라졌다.

• चलो, कम से कम हमारे सिर से यह बला तो हटी।
됐어, 최소한 우리 머리에서 이 골칫거리는 멀어졌다.

• यह जीवन है, समस्याएँ पूरी तरह से तो कभी हटेंगी नहीं।
이것이 인생이다, 문젯거리들이 완전히는 결코 사라지시 않는다.

होना

100

산스끄리뜨어의 भू '있다/생기다'에서 유래한 동사로서 '있다/존재하다''의 의미를 일차적으로 갖는다. 더불어 '존재하게 되다', '진행되다', '(다른 상태로) 되다', '(관계가) 되다', '(시간이) 지나다' 등의 의미를 표현한다.

1. सत्ता धारण करना, मौज़ूदगी में रहना 있다, 존재하다

- ताजमहल आगरा में है।

  따즈마할이 아그라에 있다.

- तुम इस समय कहाँ हो?

  너는 지금 어디에 있니?

- कुछ साल पहले यहाँ एक विशाल भवन था।

  몇 년 전에 여기에 한 거대한 저택이 있었다.

2. प्रकाश में आना 있게 되다, 존재하게 되다

- शनिवार के बाद रविवार होता है।

  토요일 다음에 일요일이 온다.

- सीता जी को दो पुत्र हुए।

  씨따 씨에게는 아들이 태어났다.

• विश्वविद्यालय में छुट्टियाँ कब होंगी ?
대학에 방학이 언제 옵니까?

3. जारी रहना 진행되다

• देखना, बारिश हो रही है ?
봐봐요, 비가 오고 있나요?

• आज 12 बजे तक क्लास होगी।
오늘 12시까지 수업이 있을 것이다.

• वहाँ नाच-गाना हो रहा था।
거기에 춤과 노래가 행해지고 있었다.

4. किसी विशिष्ट अवस्था में आना (다른 상태로) 되다

• सुना है कि वह गायक मुसलमान हो रहा है।
그 가수가 무슬림으로 개종한다고 들었다.

• वह गाँव का लड़का आज बड़ा अधिकारी हो गया है।
그 시골 남자애가 지금 높은 관료가 되었다.

• गुरु के पास रहकर चार-पाँच सालों में तुम विद्वान हो जाओगे।
스승 곁에서 지내면 사오 년 안에 너는 학자가 될 것이다.

5. संबद्ध होना (관계가) 되다

• आज से तुम मेरे भाई हो गए !
오늘부터 너는 나의 형제가 되었다!

- उसके बाद आप दोनों पति-पत्नी हो जाएँगे।
  그 이후에 당신 둘은 부부가 될 것이다.
- गाँव के रिश्ते में तो वह मेरा भतीजा होता था।
  시골의 인맥으로 볼 때 그는 나의 조카였었다.

6. समय का बीतना, गुज़रना (시간이) 지나다

- तुम्हें यहाँ आए कितना समय हुआ?
  네가 여기에 온 지 얼마나 되었니?
- पिता जी को गए आज तीन महीने हो गए हैं।
  아버지께서 돌아가신 지 오늘로 석 달이 지났다.
- तुम्हारा इंतज़ार करते हुए हमें यहाँ चार घंटे हो गए हैं।
  우리가 너를 기다리면서 네 시간이 흘러갔다.

연습문제 X

☑ [1-10] 주어진 힌디어의 올바른 뜻을 고르시오.

1. सँभालना	① 지탱시키다
2. सकना	② 듣다
3. सहना	③ 웃다
4. सीखना	④ 할 수 있다
5. सुनना	⑤ 있다
6. सोचना	⑥ 물러나다
7. सोना	⑦ 생각하다
8. हँसना	⑧ 배우다
9. हटना	⑨ 자다
10. होना	⑩ 참다

☑ [11-30] 괄호 안에 적합한 것을 고르시오.

11. देश इस जनसंख्या को कैसे (सुनेगा, सहेगा) ?

12. गुदगुदाने पर तो सब (हँसते हैं, सीखते हैं)।

13. इसके बारे में क्या करना है, हम (सोचेंगे, हँसेंगे)।

14. मैं रेडियो पर समाचार (सुन रहा था, सो रहा था) ?

15. दादा जी गिरने वाले थे, मैंने उन्हें (सोचा, सँभाला)।

16. हम (होते रहे, सोते रहे) और वे देश को लूटते रहे।

17. वह हमारे पास से (सहकर, हटकर) वहाँ बैठ गया।

18. आजकल मैं शास्त्रीय संगीत (सँभाल रहा हूँ, सीख रहा हूँ)।

19. शनिवार के बाद रविवार (होता है, हटता है)।

20. छुट्टी की घंटी (सोचकर, सुनकर) सारे छात्र ख़ुशी से भागने लगे।

21. पिता जी बीमार हैं, मैं आजकल उनके बारे में ही (सोता रहता हूँ, सोचता रहता हूँ)।

22. हमें प्रतिदिन कम से कम छह घंटे (सोना, होना) चाहिए।

23. अब तक मैं ही तुम्हारी चीज़ों को (सँभाल रहा था, सुन रहा था)।

24. वह एक बार प्रतिज्ञा कर लेता है तो उससे फिर कभी नहीं (हँसता, हटता)।

25. वह गाँव का लड़का आज बड़ा अधिकारी (हो गया है, सो गया है)।

26. ग़ुस्सा मत करो, ख़ुद को (सँभालो, सीखो) !

27. इस उद्यान का कोना-कोना (सह-सा रहा है, हँस-सा रहा है)।

28. कुलपति महोदय ने हमारी प्रार्थना को ध्यान से (सीखा, सुना)।

29. मैं बचपन से इस दर्द को (सह रहा हूँ, हट रहा हूँ)।

30. हम कई बार बहुत कुछ खोने के बाद (सँभालते हैं, सीखते हैं)।

☑ [31-50] 밑줄 친 단어의 동의어를 고르시오.

31. पार्टी का सारा काम मैं ही सँभाल रहा हूँ।

① समुचित प्रबंध करना ② मौज़ूदगी में रहना
③ अस्तित्व में आना ④ सत्ता धारण करना

32. बेटी साइकिल चला सकती है।

① टल जाना ② समर्थ होना
③ विचलित होना ④ बचना

33. पिता जी ने जीवन में बहुत कष्ट सहे।

① दूर होना ② विचलित होना
③ बर्दाश्त करना ④ मिट जाना

34. वह छुट्टियों में जूडो सीखेगा।

① निगरानी करना ② तालीम प्राप्त करना
③ समुचित प्रबंध करना ④ सहारा देते हुए पकड़ लेना

35. मैं मंदिर में भजन सुन रहा हूँ।

① प्रकाश में आना
② कानों से ध्वनि को ग्रहण करना
③ जारी रहना
④ किसी विशिष्ट अवस्था में आना

36. माँ बेटी के बारे में सोचती रहती थीं।

① चिंता करना
② सचेत रहने का अनुभव प्राप्त करना
③ अनुभव से अर्जित करना
④ तालीम प्राप्त करना

37. बेटा, साल-भर तो तू सोया रहा।

① गले से हर्षध्वनि निकालना
② परिहास करना
③ सुंदर लगना
④ निष्क्रिय होना

38. लोग तुम पर हँसते हैं।

① परिहास करना
② बर्दाश्त करना
③ धारण करने में समर्थ होना
④ फलदायक सिद्ध होना

39. मैं अपनी ज़िम्मेदारी से कभी नहीं हटा।

① कानों से सूचनाएँ प्राप्त करना
② अप्रिय बातों का सामना करना
③ दूर होना
④ कानों से ध्वनि को ग्रहण करना

40. कुछ साल पहले यहाँ एक विशाल भवन था।

① मौज़ूदगी में रहना
② निद्रा लेना
③ बेख़बर रहना
④ ध्यान न देना

41. माँ के न रहने के बाद मुझे मेरी दीदी ने सँभाला था।

① संबंध होना ② समय का बीतना

③ गुज़रना ④ पालन-पोषण करना

42. भारत इस बार विश्वकप जीत सकता है।

① बर्दाश्त करना ② संभावित होना

③ धारण करने में समर्थ होना ④ फलदायक सिद्ध होना

43. नई बहू हमारे घर को बहुत सह रही है।

① इजाज़त देना ② संभावित होना

③ फलदायक सिद्ध होना ④ समर्थ होना

44. आदमी ग़लतियों से ही सीखता है।

① अनुभव प्राप्त करना ② विचार करना

③ चिंता करना ④ कल्पना करना

45. तुम्हारी वजह से मुझे इतना सुनना पड़ा।

① अप्रिय बातों का सामना करना ② पालन-पोषण करना

③ निगरानी करना ④ प्रबंध करना

46. मैं इसका कोई उपाय सोचता हूँ।

① निगरानी करना ② पालन-पोषण करना

③ कल्पना करना ④ आवेग को क़ाबू में रखना

47. क्या तुम दिन में सोते हो?

① विचार करना ② निद्रा लेना

③ चिंता करना ④ कल्पना करना

48. तुम्हारा घर हँसने लगेगा।

① शयन करना ② ध्यान न देना

③ निद्रा करना ④ सुंदर लगना

49. तुम्हें यहाँ आए कितना समय हुआ?

① परिहास करना ② सुंदर लगना

③ गले से हर्षध्वनि निकालना ④ गुज़रना

50. अभी के लिए तो यह ख़तरा हट गया।

① समर्थ होना ② मिट जाना

③ इजाज़त लेना ④ संभावित होना

연습문제 X 정답

1 ① 2 ④ 3 ⑩ 4 ⑧ 5 ② 6 ⑦ 7 ⑨ 8 ③ 9 ⑥ 10 ⑤

11 सहेगा 12 हँसते हैं 13 सोचेंगे 14 सुन रहा था 15 सँभाला

16 सोते रहे 17 हटकर 18 सीख रहा हूँ 19 होता है 20 सुनकर

21 सोचता रहता हूँ 22 सोना 23 सँभाल रहा था 24 हटता 25 हो गया है

26 सँभालो 27 हँस-सा रहा है 28 सुना 29 सह रहा हूँ 30 सीखते हैं

31 ① 32 ② 33 ③ 34 ② 35 ② 36 ① 37 ④ 38 ① 39 ③ 40 ①

41 ④ 42 ② 43 ③ 44 ① 45 ① 46 ③ 47 ② 48 ④ 49 ④ 50 ②

힌디어
핵심동사
100
हिन्दी की मुख्य क्रियाएँ १००

참고 문헌

참고 문헌

최종찬, 김용정, 2016,『힌디어초급문법』, 한국외국어대학교 지식출판원.

최종찬, 김용정, 2017,『힌디어중급문법』, 한국외국어대학교 지식출판원.

최종찬, 김용정, D.A.P. Sharma,『힌디어 단어형성법I』, 한국외국어대학교 지식출판콘텐츠원.

Ram, Kanshi trans. and Chaturvedi, Mithilesh ed., 2010, The Laghusiddhāntakaumudī of Varadarāja: A Primer of Pāṇini's Grammar, Vol.1-3, Delhi: Motilal Banarsidass.

Whitney, William Dwight, 2006[1963], The Roots, Verb-Forms and Primary Derivatives of the Sanskrit Language, Delhi: Motilal Banarsidass.

तिवारी, भोलानाथ, 1998, हिन्दी भाषा की आर्थी संरचना , दिल्ली: साहित्य सहकार.

दीमशित्स, ज़ाल्मन, 1983, हिन्दी व्याकरण, मास्को: रादुगा प्रकाशन.

द्विवेदी, कपिलदेव, 1998, रचनानुवादकौमुदी , वाराणसी: विश्वविद्यालय प्रकाशन.

☑ 사전

이희승, 2002,『국어대사전』, 민중서림.

국립국어연구원, 1999,『표준국어대사전』, 두산동아.

Apte, Vaman Shivram, 2010[1965], The Practical Sanskrit-English Dictionary, Delhi: Motilal Banarsidass.

McGregor, R.S., 1993, The Oxford Hindi-English Dictionary, New York: Oxford University Press.

आप्टे, वामन शिवराम, 1993[1985], संस्कृत-हिन्दी कोश , दिल्ली: मोतिलाल बनारसीदास.

आप्टे, वामन शिवराम, 1996[1986], संस्कृत-हिन्दी कोश , दिल्ली: मोतिलाल बनारसीदास.

गिरीश(गिरजादत्त शुक्ल), 1936, भाषा-शब्द-कोश, इलाहाबाद: रामनारायणलाल बेनीप्रसाद.

जैन, उदयचंद्र, 2005, प्राकृत-हिन्दी कोश, नई दिल्ली: न्यू भारतीय बुक कॉरपोरेशन.

जैन, उदयचंद्र, 2011, संस्कृत-प्राकृत-हिन्दी एवं अंग्रेजी शब्द कोश, नई दिल्ली: न्यू भारतीय बुक कॉरपोरेशन.

दीक्षित, कृष्णकान्त और सूर्यनारायण उपाध्याय, 2005, मानक विशाल हिन्दी शब्दकोश, नई दिल्ली: कमल प्रकाशन.

नेस्पिताल, हेल्मुत, 1997, लोकभारती हिन्दी क्रिया-कोश, इलाहाबाद: लोकभारती प्रकाशन.

प्रसाद, कालिका और राजवल्लभ सहाय और मुकुन्दीलाल श्रीवास्तव, 2000, बृहत् हिन्दी कोश, वाराणसी: ज्ञानमंडल लिमिटेड.

वर्मा, रामचन्द्र, 1987, संक्षिप्त हिन्दी शब्दसागर, वाराणसी: नागरीप्रचारिणी सभा.

वर्मा, श्याम बहादुर, 2014, प्रभात आधुनिक हिन्दी शब्दकोश, दिल्ली: प्रभात प्रकाशन.

वर्म्मा, रामचन्द्र, 1993-2006, मानक हिन्दी कोश 1-5 खण्ड, इलाहाबाद: हिन्दी साहित्य सम्मेलन प्रयाग.

सक्सेना, राम प्रकाश, 2014, वर्धा हिन्दी शब्दकोश, नयी दिल्ली: भारतीय ज्ञानपीठ.

古賀勝郎, 高橋 明, 2006,『ヒンディ-語=日本語 辞典』, 東京: 大修館書店.

☑ 온라인 사전

http://andhrabharati.com/dictionary/sanskrit/

https://hi.oxforddictionaries.com/

http://www.hindi2dictionary.com/

https://sa.wiktionary.org/wiki/

https://hi.wiktionary.org/wiki/

https://www.collinsdictionary.com/dictionary/english-hindi

힌디어핵심동사 100

हिन्दी की मुख्य क्रियाएँ १००

초판 인쇄	2020년 3월 24일
초판 발행	2020년 3월 31일
지은이	최종찬, Om Nath Bimali, 김용정
발행인	김인철
총괄 · 기획	윤성우 Director, University Knowledge Press
편집장	신선호 Executive Knowledge Contents Creator
기획 · 물류	이현진 Planning Expert
사전 · 도서편집	정준희 Contents Creator
전자책 · 도서편집	장혜린 Contents Creator
도서편집	이병철 Contents Creator
	이근영 Contents Creator
재무관리	하누리 Managing Creator
발행처	한국외국어대학교 지식출판콘텐츠원
	02450 서울특별시 동대문구 이문로 107
	전화 02)2173-2493~7
	팩스 02)2173-3363
	홈페이지 http://press.hufs.ac.kr
	전자우편 press@hufs.ac.kr
	출판등록 제6-6호(1969. 4. 30)
디자인 · 편집	(주)이환디앤비 02)2254-4301
인쇄 · 제본	네오프린텍(주) 02)718-3111

ISBN 979-11-5901-743-8 13790 정가 34,000원

*잘못된 책은 교환하여 드립니다.

HUINE은 한국외국어대학교 지식출판콘텐츠원의 어학도서, 사회과학도서, 지역학 도서 Sub Brand이다. 한국외대의 영문명인 HUFS, 현명한 국제전문가 양성(International +Intelligent)의 의미를 담고 있으며, 휴인(携引)의 뜻인 '이끌다, 끌고 나가다'라는 의미처럼 출판계를 이끄는 리더로서, 혁신의 이미지를 담고 있다.

이 책의 음원(mp3)은 한국외국어대학교 지식출판콘텐츠원 홈페이지 (press.hufs.ac.kr) – 게시판 – 자료실에서 다운받아 사용하시기 바랍니다.